Manual do FREELA

Quanto custa meu design?

André Beltrão

Manual do FREELA

Quanto custa meu design?

2ª edição
revista e ampliada

EDITORA SENAC RIO – RIO DE JANEIRO – 2019

Manual do freela: quanto custa meu design? © André Beltrão, 2019.

Direitos desta edição reservados ao Serviço Nacional de Aprendizagem Comercial – Administração Regional do Rio de Janeiro

Vedada, nos termos da lei, a reprodução total ou parcial deste livro.

Senac RJ

Presidente do Conselho Regional
Antonio Florencio de Queiroz Junior

Diretora Regional
Ana Cláudia Martins Maia Alencar

Diretora de Educação Profissional
Wilma Bulhões Almeida de Freitas

Diretor de Planejamento
Fábio da Silva Soares

Conselho Editorial
Ana Cláudia Alencar
Wilma Freitas
Eduarda Varella
Daniele Paraiso

Editora
Daniele Paraiso

Produção editorial
Cláudia Amorim (coordenação), Manuela Soares (prospecção), Andréa Regina Almeida, Gypsi Canetti e Michele Paiva (copidesque e revisão de textos), Patricia Peçanha (ilustração), Victor Willemsens e Vinicius Moura (design)

Impressão: Edigráfica Gráfica e Editora Ltda.
2ª edição revista e ampliada: dezembro de 2019

Editora Senac Rio
Rua Pompeu Loureiro, 45/11º andar
Copacabana – Rio de Janeiro
CEP: 22061-000 – RJ
comercial.editora@rj.senac.br
editora@rj.senac.br
www.rj.senac.br/editora

CIP-BRASIL. CATALOGAÇÃO NA PUBLICAÇÃO
SINDICATO NACIONAL DOS EDITORES DE LIVROS, RJ

B392m
2. ed.

    Beltrão, André
      Manual do freela : quanto custa meu design / André beltrão. - 2. ed., rev. e ampl. - Rio de Janeiro : Senac Rio, 2019.
      128 p. ; 23 cm.

      ISBN 978-85-7756-474-3

      1. Designers - Manuais, guias, etc. 2. Trabalhadores autônomos - Manuais, guias, etc. 3. Desenho (Projetos) - Custos. I. Título.

19-61527
                                 CDD: 745
                                 CDU: 7.05

Dedico este livro a todos os freelas que participaram dos workshops Quanto custa meu design?, aos colegas designers e a todos que contribuíram para a compreensão dos malabarismos nossos de cada dia.

SUMÁRIO

Apresentação — 8

Agradecimentos — 11

Capítulo 1 – Administrando a criatividade — 12

1.1 O que é uma atividade comercial (receita, despesas, lucro) — 14

1.2 Quem é o cliente (Ele tem sempre razão? Cliente parceiro ajuda a crescer. Atenção às reclamações!) — 15

1.3 Freela profissional (Você é seu chefe! Você é seu melhor funcionário! Organize-se! Administrando a criatividade no tempo) — 17

1.4 Criação de valor (noções de marketing, ferramentas do marketing mix, valor percebido, quanto vale *versus* quanto custa) — 20

Capítulo 2 – Quanto custa seu design — 28

2.1 O que são custos fixos e o que são custos variáveis (transformando despesas em custos fixos para montar sua estrutura de custos) — 30

2.2 Cálculo de seu custo-hora (horas úteis, tempo para atividades não produtivas) — 33

2.3 Planejamento do tempo (dividindo o trabalho em etapas) — 34

2.4 Cálculo do custo de fazer (custo operacional) — 39

2.5 Taxa de urgência, lucro desejado, outros itens percentuais, impostos — 42

2.6 Planilha sim! (cálculo do custo de produção) — 47

2.7 Cálculo do preço do projeto — 50

Capítulo 3 – A hora da verdade **58**

3.1 Elementos de uma proposta de serviços (contrato/orçamento) — 59

3.2 Apresentação da proposta — 68

3.3 Situações de negociação mais frequentes (definindo o objetivo, o mínimo aceitável, identificando "roubadas", minimizando o risco) — 71

Capítulo 4 – Algumas noções de finanças **84**

4.1 Fluxo de caixa (O que é? Para que serve? Planejamento do mês) — 86

4.2 O valor do dinheiro no tempo — 89

4.3 Algumas avaliações financeiras (Comprar à vista ou parcelado? Comparando taxas de juros e prazos de financiamento diferentes) — 91

4.4 Como calcular parcelamento com juros em seus orçamentos — 98

Considerações finais – É hora de abrir um escritório? **102**

Tipos de empresa — 105

Modelos de negócios — 106

Sociedades e sócios — 107

O que muda na estrutura de custos — 109

O que muda no dia a dia — 111

Designer como autor — 112

Dicas finais — 113

Contribua **115**

Apresentação

As primeiras turmas para as quais lecionei foram na Pontifícia Universidade Católica do Rio de Janeiro (PUC-Rio), onde concluí minha graduação em desenho industrial em 1995. Na época dessas primeiras aulas eu já havia trabalhado como designer júnior em um escritório de Curitiba e em outro do Rio de Janeiro, depois como freelancer antes de dirigir o Studio Creamcrackers desde 1998.

Era frequente a abordagem por alunos que, por conhecerem minha prática de escritório, perguntavam como poderiam negociar esse ou aquele projeto, como procurar clientes, quanto cobrar, o que era preciso fazer para abrir um escritório, perguntas infinitas... Lembro que, na época de estudante, eu também fazia essas perguntas aos professores e ficava invariavelmente confuso com as respostas tão diferentes entre si.

Nossa profissão é essencialmente empreendedora, mas são poucos os cursos que em sua estrutura oferecem disciplinas de gestão, de empreendedorismo e de finanças.

Na verdade, como em tantos outros escritórios, iniciei com base na sorte e na intuição, e só alguns anos depois estudei disciplinas em meu MBA que trouxeram alguma luz à administração precária que vinha praticando. Levei mais alguns anos para colocar tudo nos trilhos.

Criei, então, um workshop que buscava responder às perguntas dos estudantes, o Quanto custa meu design?, oferecido pela primeira vez aos participantes do 16º NDesign (Encontro Nacional dos Estudantes de Design), em Brasília, no ano de 2006.

O workshop foi um dos mais procurados. Assim, ampliei seu conteúdo e tivemos oito turmas no Studio Creamcrackers, uma em São Luís, outra

Apresentação

em Curitiba e uma em Vitória, essas últimas também em encontros de estudantes, além de duas turmas nas semanas de design da UniverCidade, onde eu lecionava na época.

O conteúdo do workshop Quanto custa meu design?, acrescido de discussões e casos das 14 vezes em que foi realizado, com mais de 200 participantes, serviu de embrião para este livro.

O *Manual do freela* é um pouco mais, uma vez que não se propõe a ensinar como ser o mais desejado designer, como falar muito bem, como criar uma imagem mágica de si mesmo nem como ter o escritório dos sonhos. A proposta do manual é ajudá-lo a começar, realmente. Começar e continuar existindo, enxergar os rumos possíveis e dar o passo seguinte com menos risco, quer você planeje trabalhar como freelancer por muito tempo, quer planeje iniciar uma empresa daqui a alguns meses.

A obra não se baseia exclusivamente em minha experiência profissional, ainda que esteja repleta de sua influência, mas também na participação daquelas 200 pessoas que fizeram os primeiros workshops e nos conteúdos essenciais de disciplinas de gestão e finanças.

O manual traz dicas de procedimentos e casos reais. Casos reais mesmo, já que se deram quase todos em minha empresa e com participantes do Quanto custa meu design?. Procurei preservar os relatos dos participantes dos workshops, portanto os nomes não aparecem nos casos, mas reafirmo que são reais e podem conter alguns raios de luz a mais.

O *Manual do freela* não é um livro de autoajuda, pois não vai melhorar sua autoestima diretamente. Com ele, espero melhorar o conteúdo de suas finanças e trazer mais segurança a suas relações profissionais. Também não se deve chamá-lo de livro de contabilidade, de estratégia ou de gestão, embora circule por todos esses territórios.

Lançado pela primeira vez em 2010, o livro deu origem a dezenas de outros cursos e palestras. Com esta edição, revista e ampliada, espera-se tanto contribuir um pouco mais com aqueles que entram no mercado em voo solo quanto criar boas práticas profissionais e um ambiente mais promissor e consistente para a prática do design. Tomara que funcione!

Agradecimentos

Um especial agradecimento a Vítor Barreto, a Aline Haluch e a todos que trabalharam no Studio Creamcrackers nos últimos vinte anos, os quais tornaram possível o *Manual do freela.*

Capítulo 1

Administrando a criatividade

Receita/Despesa/Lucro
Cliente
Chefe
Valor

esign é uma profissão essencialmente empreendedora, mas os estudantes de design não estão acostumados a práticas de gestão.

Designer que trabalha como freelancer precisa acumular algumas atividades:

- atendimento
- financeiro
- criação
- arte-finalista
- produtor gráfico
- orçamentista
- estrategista
- psicólogo
- guru
- outras atividades (dependendo da ocasião)

Para coordenar tudo isso de modo eficaz, você precisa se preocupar com o planejamento do seu tempo, com o gerenciamento do dinheiro e com o gerenciamento do trabalho.

Ser eficiente é manejar bem estas três variáveis: tempo, dinheiro e qualidade. Fazer projetos em menos tempo, com a mesma qualidade e pelo mesmo preço é mais lucrativo; desenvolver projetos com mais qualidade, pelo mesmo preço e no mesmo tempo é surpreendente; viabilizar projetos com a mesma qualidade, no mesmo prazo e a um preço menor é o que todos os clientes querem.

É fácil perceber o quanto tudo depende do tempo, do preço e da qualidade. Saber compreender e lidar com tais variáveis pode determinar o seu sucesso. Não tentar fazer isso significa que, muito provavelmente, as coisas estarão fadadas ao fracasso.

Depois vem o planejamento: estabelecer metas, organizar ações para atingi-las, planejar os recursos para as ações, controlar o tempo. É essencial ter metas para saber avaliar periodicamente em que pé o trabalho está e replanejar caso seja necessário.

Quando deixa de ser freelancer e abre uma empresa, basicamente o designer delega parte dessas atividades aos seus sócios ou funcionários, mas sempre precisará manter controle sobre todo o processo. E manter controle também sobre o tempo de duração do trabalho de todas essas pessoas.

1.1 O que é uma atividade comercial (receita, despesas, lucro)

Um pouco de nomenclatura é sempre bom para tornarmos os conceitos deste livro mais claros...

Você é freelancer, então seu trabalho constitui uma atividade comercial. Significa que há uma troca, o serviço que você oferece é trocado por dinheiro.

O dinheiro que você recebe, qualquer que seja, é chamado de receita. A soma dessas receitas em um período perfaz a receita do período (o período costuma ser de um mês ou um ano).

Para desenvolver seu trabalho, é preciso comprar materiais, pagar por serviços terceirizados. Há também contas de luz, telefone, aluguel... Essas são suas despesas. A soma das despesas de um período totaliza a despesa do período.

Também é possível chamar esses valores, respectivamente, de créditos e débitos se equipará-los aos recebimentos e despesas alternados em um extrato bancário ao longo de um mês. Esse conceito vai ajudá-lo a visualizar melhor os conteúdos financeiros do livro.

A diferença entre receitas e despesas de um período é o lucro ou o prejuízo, conforme o resultado positivo ou negativo.

Toda empresa busca lucro. Se houver prejuízo, é urgente originar ações para recuperação. Basicamente, essas ações objetivam aumentar receitas e diminuir despesas.

Por ser freelancer e, em consequência, exercer uma atividade comercial, proponho que passe a imaginar-se como a empresa Você Ltda. E uma vez que exerça todas as atividades de sua empresa, você é a essência da Você Ltda. e ninguém a entende melhor.

1.2 Quem é o cliente (Ele tem sempre razão? Cliente parceiro ajuda a crescer. Atenção às reclamações!)

Os clientes da Você Ltda. estão espalhados, seja ao seu redor, seja por todo o mundo.

Cliente contrata seus serviços, recebe por eles e, em troca, remunera a empresa. Os clientes são a razão de ser das empresas; sem clientes não há receitas nem lucros, e então as empresas deixam de existir.

Quando você atua como freelancer, naturalmente tem uma capacidade de produção limitada, o que não possibilita atender a um número muito grande de clientes. A capacidade de produção está toda relacionada ao tempo, que é limitado e dividido para alocar as demandas de trabalhos de seus clientes.

Não se pode executar diversos trabalhos simultaneamente, ou, ao menos, ninguém consegue fazê-lo por muito tempo. Quando há mais trabalho ou mais clientes que um freela consegue atender, é comum agregar pessoas e formar equipes e, em geral, o crescimento do número de clientes é um dos principais fatores que levam freelancers a abrir empresas.

Ter novos clientes não significa, no entanto, crescimento; talvez seja simplesmente substituição. Um cliente mais lucrativo toma o lugar de um menos lucrativo, um cliente com trabalhos melhores (ou com maior visibilidade) é capaz de tomar o lugar de um cliente de trabalhos desanimadores.

Só assim é possível obter mais satisfação e retorno do seu trabalho e criar mais valor para seu nome.

Isso traz alguma luz para a pergunta: "O cliente tem sempre razão?"

O cliente tem ou não tem razão conforme a situação, mas a balança sempre pende a favor do cliente, lembre-se de que é ele quem está pagando pelo serviço.

A discussão talvez pareça infrutífera, mas ela traz, em si, um limite que precisa ser percebido: o cliente tem razão desde que isso não prejudique a Você Ltda. além do ponto a que você esteja disposto. É sempre saudável manter os clientes, até o momento em que estes não drenem seu lucro ou energia.

Quando um cliente reclamar de algo, no entanto, procure dar ouvidos a ele de maneira receptiva, não defensiva. Algumas vezes, uma reclamação feita é a manifestação de muitas outras reclamações não feitas de outros clientes, e tem o efeito de ajudá-lo a perceber e a corrigir falhas.

Os clientes que não sejam mais interessantes a você devem ser cuidadosamente descartados, para não haver situações de conflito que possam prejudicar sua imagem. É necessário um grande esforço positivo para reverter os estragos que um cliente detrator pode causar ao falar mal de você.

Normalmente, um processo de negociação de valores ou de processos reverte grande parte dos problemas com os clientes. Vamos abordar os conceitos de negociação no terceiro capítulo do livro.

O meio mais saudável de crescimento para uma empresa é construir relações duradouras com seus clientes. Clientes parceiros são promotores não remunerados de sua empresa, trazem novos clientes por indicação. É preciso cativá-los.

Os clientes estão inseridos em um mercado, que é uma delimitação imaginária de acordo com critérios convencionais (mercado carioca, mercado de moda, mercado de arte etc.). As empresas que fornecem serviços a um mercado disputam sua participação, a isso chamamos concorrência.

Muitas empresas empreendem enormes esforços na análise de seus concorrentes e na elaboração de estratégias para aumentar a participação de mercado. O designer deve estar atento a isso, porém sem gastar tanta energia. Nossa profissão não tem fronteiras, ou seja, criamos os próprios mercados, seja prospectando em outros países, seja prospectando em clientes que não usam ainda serviços de design ou criando mesmo novos produtos e necessidades de consumo.

1.3 Freela profissional (Você é seu chefe! Você é seu melhor funcionário! Organize-se! Administrando a criatividade no tempo)

Já mencionamos que sem você, freelancer, a empresa Você Ltda. não existiria, já que também não existiria quem faz tudo. Considerando que você é quem manda na Você Ltda., é natural que estabeleça não somente estratégias, metas, planos mas também as questões administrativas do dia a dia da empresa.

É você quem vai decidir se a empresa será instalada em sua casa, na casa de seus pais ou se é melhor alugar uma sala comercial em parceria com outros amigos-empresa ou uma mesa em um espaço de *coworking*.

É você quem vai decidir de que espécie de recursos de telefonia precisará, qual será a infraestrutura do escritório, que materiais vai manter em estoque e que salário vai pagar a si mesmo.

Essa capacidade de visualizar-se como o designer da Você Ltda. traz muitas vantagens e torna bem mais prática a sua organização, mais profissional, com certeza.

Visualizar-se como pessoa, não só como designer, preserva sua individualidade e faculta a você planejar sua vida pessoal.

Visualizar-se como empresa produz uma imagem mais profissional e cria valor aos olhos dos seus clientes, como também admite planejar, medir e controlar com muito mais eficácia.

Daqui por diante, o livro trará questões e dicas específicas para você e para Você Ltda.

Dica 1: Organização do dinheiro

1 – Primeiro, descubra quanto gostaria de receber de salário. Esse valor deve ser maior do que o valor que receberia se estivesse empregado em uma empresa, pois você não terá benefícios empregatícios e ainda assumirá vários riscos, como ficar sem trabalho. Suponha que você é recém-formado e sabe que seus colegas recém-formados recebem R$ 2.500 por mês. Talvez você estabeleça um salário de R$ 3 mil ou de R$ 4 mil, por exemplo, e essa será sua primeira meta de controle. As metas têm de ser quantificáveis e mensuráveis em um tempo determinado, desse modo você deve, digamos, estabelecer a meta para conseguir esse salário em, no máximo, um ano.

Caso você ainda esteja estudando, recomendo dividir esse salário proporcionalmente para estabelecer uma meta alcançável. Para uma carga horária de quatro horas, por exemplo, considere a metade do salário desejado. Com esse salário, você pagará suas despesas pessoais, como qualquer mortal.

2 – Você Ltda. saberá que precisa pagar a você aquele salário. E Você Ltda. terá outras despesas também, além das receitas dos trabalhos que fizer. Em um dia determinado, Você Ltda. vai depositar o salário na sua conta (sugiro que você receba no fim do mês, já explico a razão). Isso mesmo, serão duas contas de banco: uma para Você Ltda. e outra para você. A conta de freela profissional será usada para receber e pagar as contas do escritório. Se houver lucro, o dinheiro que sobrar ficará na conta da empresa para compensar eventuais prejuízos dos outros meses e para garantir o seu salário futuro. Se houver prejuízo, de cara a despesa que Você Ltda. pode reduzir para equilibrar as contas é o seu salário, por isso ele é uma meta. Em função dele, mais adiante você verá que Você Ltda. terá uma meta de faturamento.

Dica 2: Organização profissional do tempo como meta

Já mencionamos que seu tempo é um loteamento de horas úteis para serem utilizadas no desenvolvimento do trabalho. É comum que os freelancers trabalhem noite adentro, nos fins de semana, em frenesis vertiginosos de trabalhos que se alternam com períodos de grande calmaria e aflição (medo de que não surjam outros trabalhos).

É importante reduzir essas diferenças para sua sobrevivência psicológica. Conheço pessoas que vivem assim nessa alternância há anos e são visivelmente inseguras e insatisfeitas. Muitas acabam frustradas, fazem concursos públicos ou uma nova faculdade.

Percebi que, muitas vezes, há momentos de calmaria porque você fica tão absorvido pelo trabalho nos momentos de correria que não consegue prospectar novos trabalhos. Aí a correria passa e você se vê, de repente, sem nada para fazer. Rapidamente, consome o lucro daquele período. E começa uma busca frenética por novos trabalhos. Então, os trabalhos novos aparecem, em bando, e você entra na fase vertiginosa...

Uma dica para planejar o tempo pode vir também do conceito da Você Ltda.:

1 – Faça outras coisas além de trabalhar; namore, vá às compras, durma, surfe, desenhe... Se você estivesse trabalhando em uma empresa, teria um horário a cumprir. Com as suas horas trabalhadas e com as horas dos seus colegas, a empresa geraria recursos para funcionar. Por que você não tenta fazer o mesmo? Estabeleça como meta trabalhar oito ou nove horas por dia, no máximo. Se você já tem suas noites tomadas pelo trabalho, será mais difícil mudar, mas, acredite, é essencial conseguir. Procure reeducar-se e educar seus clientes quanto a isso. Você precisa estar à frente do seu negócio, você é o gerente!

Aprenda a dizer não e a negociar prazos factíveis.

2 – Estabeleça um horário de funcionamento para Você Ltda. Por exemplo, das 9 horas às 19 horas, horário comercial, uma hora fechado para almoço. E no horário estabelecido, você precisa estar lá, senão a empresa fica vazia. Depois você está liberado para viver sua vida, essa é a meta. Um horário de funcionamento é algo excelente para seus clientes: eles sabem que você estará disponível naquele período, percebem mais organização e solidez. É algo excelente para seus fornecedores também, eles passam a respeitar seus horários (chega de telefonemas da gráfica no meio da noite!). Pode parecer utópico, mas não é. É uma questão de postura.

Se você ainda é estudante, seu horário de trabalho deve ser equivalente ao que você precisaria cumprir em um estágio, quatro ou seis horas. Nesse caso, sua meta de salário deverá ser proporcional à carga horária.

Os telefones são ótimos aliados para essa organização: se possível, tenha uma linha telefônica só para Você Ltda. e uma secretária eletrônica conectada a ela. Após o expediente, você não atende mais àquele telefone. O mesmo vale para o celular, tenha um número pessoal e outro para Você Ltda., que pode ser desligado após o expediente.

Outra sugestão é reservar uma hora do dia, ou até determinados dias da semana, para prospectar novos trabalhos. Assim, o fluxo tenderá a ser mais constante.

1.4 Criação de valor (noções de marketing, ferramentas do marketing mix, valor percebido, quanto vale *versus* quanto custa)

Definir o preço de um serviço é algo complexo. Não é tão viável de se tabelar e calcular quanto o preço de um produto produzido em série, uma vez que um serviço é prestado uma única vez durante um espaço de tempo.

Quando o serviço está concluído, criado, o tempo já foi gasto. O pagamento remunera algo que o cliente já recebeu, enquanto o pagamento por um produto se refere a algo que o cliente passará a utilizar dali em diante.

Como o serviço não é produzido em série, ele é único, origina uma relação de confiança entre o cliente e o designer. O cliente acredita que o designer vai ser capaz de realizar o trabalho e projeta mentalmente uma expectativa de resultado. Essa confiança se baseia em diversos fatores, alguns tangíveis e outros intangíveis, que são percebidos pelo cliente antes, durante e depois dos contatos com o designer.

Valor percebido

É possível obter essas percepções tangíveis pela avaliação do portfólio, pelo modo de se vestir, pelas recomendações de outros clientes, por todas essas avaliações baseadas em aspectos visuais, auditivos, palpáveis.

As percepções intangíveis são muitas vezes culturais ou influenciadas por critérios preconcebidos, elas são subjetivas. Se o cliente fica incomodado com pontos de vista do designer, ou é surpreendido pelos conhecimentos da sua área de negócios, se sente simpatia ou desconfiança, tudo são apenas percepções.

O conjunto de percepções sobre o designer produz um valor imaginado para os trabalhos. Esse valor está associado à natureza do projeto, assim como ao profissional. O cliente tem uma imagem mental do que espera para seu projeto, e, muitas vezes, tem noção de preços de criação. Outras vezes imagina quanto deveria custar aquele trabalho. O cliente também forma uma imagem mental que associa o profissional a um preço que imagina ser o justo praticado por ele.

Quando o preço apresentado é superior ao valor percebido, o cliente acha o projeto caro e tenta aproximá-lo do que imaginava gastar. Quando o preço é inferior ao valor percebido, o cliente vê ali um bom negócio.

Criando valor

Diferentes profissionais têm valores percebidos diferentes.

Quando você chama um chaveiro para destrancar a porta de casa, pode ser que apareça alguém todo sujo de graxa, descabelado, barulhento e grosseiro, que vá socar e chutar a porta, bater na fechadura até, depois de algum tempo tentando com diversas chaves, abri-la. Imagine que ele tenha levado quase duas horas nesse processo. Ou pode ser que apareça alguém uniformizado, asseado, com um uniforme de hotel e gestos delicados, capaz de colocar apenas uma chave-mestra e, pronto, destranque a porta.

Imagine quanto seria justo pagar a cada um deles. Pense agora que ambos cobraram de você R$ 100. Provavelmente, você acharia caro o preço do sujeito barulhento e atrapalhado que o fez perder tanto tempo trancado fora de casa. Em contrapartida, você acharia barato o preço do segundo, que foi tão rápido, eficiente e salvou sua tarde.

Há várias maneiras de criar valor para si mesmo e assim elevar a expectativa de seu cliente com relação a você, a quanto você cobra e à confiança na sua capacidade.

Dica 3: Criação de valor

Cinco fatores que, sem dúvida, agregam valor para você na relação com seus clientes:

- Pontualidade – chegar na hora às reuniões, não cedo demais e nunca depois da hora.

- Boa apresentação pessoal – vestir-se de acordo consigo mesmo e com o cliente – exemplo: se você vai a uma reunião de diretoria de uma multinacional, deixe em casa a jaqueta toda rasgada. Se vai a uma reunião em um clube de motoqueiros, não precisa usar terno, mas isso não significa que você deve disfarçar-se de motoqueiro nem de executivo, escolha dentro de suas opções.

- Portfólio consistente e de fácil visualização.

- Ambientação prévia no mercado do cliente (uma rápida pesquisa no site da empresa, nos dos concorrentes ou no Google. Algo que dê a você uma ideia do que a empresa faz e de como funciona seu mercado).

- Segurança (falar somente do que conhece, admitir desconhecer o que for desconhecido, dominar os conhecimentos envolvidos na execução do projeto que o cliente busca contratar, evitar tiques nervosos e atitudes que denunciem nervosismo).

Sobre o preço, o custo de fazer e alguns fundamentos de marketing

O preço é o que você propõe ao cliente em troca dos serviços prestados. O cliente decide ou não contratar em função de seus recursos, verbas, ou mesmo do seu valor percebido. O preço inclui o custo de fazer, os impostos e taxas e o lucro desejado.

O custo de fazer é quanto sua empresa vai gastar proporcionalmente ou especificamente com salários, aluguel, motoboys, telefone, materiais, manutenção etc. para conseguir realizar o projeto. Representa desembolsos ocorridos antes ou durante o projeto.

Como mencionei, o valor percebido pode contribuir para elevar o preço e os lucros; assim, não há um teto máximo, mas, sim, um piso mínimo. O preço precisa cobrir ao menos o custo de fazer e os impostos, gerando lucro zero. Mas o preço de lucro zero não gera recursos para o crescimento da sua empresa nem excedente para reserva financeira.

O preço é uma ferramenta de planejamento. O ideal é conseguir cobrar bem, pois todas as outras estratégias demandarão despesas; a estratégia de preço é a única que gera receita. Estratégias de preços baixos costumam empobrecer as empresas de serviços.

As ferramentas básicas do marketing mix são os quatro Ps: Produto, Ponto, Promoção e Preço. Para elaborar e implantar estratégias de divulgação, de apresentação, para investir nos equipamentos e nos móveis etc., é preciso contar com a entrada de recursos gerada pela estratégia de preço. O marketing de serviços tem outros três Ps, com os quais você deverá se preocupar mais quando abrir um escritório: Pessoas, Evidências Físicas (Physical evidence) e Processos.

Muitos dentes

Certa vez, em uma dessas inacreditáveis situações, recebi o telefonema de uma rede de consultórios dentários. Estavam solicitando orçamento para um projeto de sinalização das clínicas e para a aplicação da marca em um projeto de papelaria. O incrível foi que, no dia seguinte, outra rede de consultórios dentários – empresa concorrente da anterior – solicitou orçamento para sinalização das clínicas e criação de sua papelaria.

As empresas pertenciam ao mesmo ramo e estavam orçando exatamente o mesmo projeto. Seus portes também eram similares. Uma tinha o dobro de clínicas da outra, mas esta contava com um centro de treinamento.

Fiz apenas um dos orçamentos, troquei o nome da empresa e salvei uma segunda versão. Enviei as propostas e alguns dias depois visitei as clínicas.

Na primeira clínica, receberam-me de modo frio. Disseram que meu orçamento estava muito acima do que poderiam pagar pelo projeto e que, infelizmente, não fariam o trabalho comigo. Ofereci um desconto e melhores condições de pagamento, recebi uma contraproposta de pouco mais da metade do meu preço original. Por aquele preço eu teria prejuízo, então não fechamos negócio.

Fui desanimado à segunda reunião, esperando resultado semelhante. O cliente estava empolgado, disse que precisávamos começar imediatamente, estava ansioso por ver os resultados. Fez questão de assinar logo o contrato e ofereceu-me parte do pagamento como sinal.

Em dois clientes similares, com propostas idênticas, eu tinha sido recebido de maneiras absolutamente opostas!

Administrando a criatividade

O projeto executado ficou muito bom e trouxe retorno ao cliente, que continua ativo até hoje. Quando concluímos, perguntei a ele se tinha gostado realmente do meu preço agora que conhecera o resultado. O cliente disse que esperava pagar mais e que teve receio em contratar o projeto pelo meu preço, receoso de que não fosse ficar bom.

Por alguma questão subjetiva, cultural talvez, o valor percebido do projeto tinha sido completamente diferente para os dois clientes. Para um deles, a percepção de valor tinha sido muito baixa e o preço parecera excessivo. O mesmo preço pareceu ser baixo demais para o cliente que teve uma percepção de valor mais elevada.

Digo que a questão é de percepção, pois os dois exemplos foram situações parecidas demais, e eu fiz exatamente a mesma apresentação da empresa, estava vestido do mesmo modo, citei os mesmos trabalhos de referência.

Manual do freela

Administrando a criatividade

Capítulo 2

Quanto custa seu design

Custos
Custo-hora
Tempo
Custo de fazer

Taxa/lucro/impostos
Custo de produção
Preço projeto

Quanto custa seu design

Quanto custa é diferente de quanto vale: quanto vale é o que acreditamos poder cobrar por um projeto ou quanto o cliente imagina gastar; quanto custa é o que precisaremos gastar para executar o projeto, concretamente, seja qual for o cliente.

O valor cobrado, o preço de um trabalho, tem incluídos os impostos e taxas, além da variável do lucro desejado, mais o custo de fazer.

É essencial saber quanto custa o seu trabalho, uma vez que isso representa o rateio de suas despesas. Se você não souber planejar e dividir as despesas pelos trabalhos executados no mês, acabará vendo seus lucros planejados desaparecerem magicamente.

Daqui em diante, você precisará usar um software de planilhas eletrônicas; se ainda não está acostumado a eles, é hora de começar.

Um amigo, que é administrador de recursos humanos de um estaleiro, costuma dizer: "Vou até onde meu Excel permite." Isso quer dizer que todas as decisões financeiras são tomadas com base em suas planilhas.

As planilhas viabilizam calcular custos, somando valores, dividindo-os por horas, multiplicando pelas horas de um projeto específico, aplicando percentuais de impostos, lucro desejado etc., inter-relacionando as células para modificá-las instantaneamente quando um dos dados for alterado. Possibilitam refazer cálculos bastante complexos em segundos, como alterar todos os cálculos de imediato se você lançar um novo valor de aluguel.

Neste segundo capítulo, montaremos uma planilha que servirá por muito tempo para o cálculo de orçamentos. É um pouco trabalhoso fazê-la, mas a planilha é bem fácil e prática de utilizar; uma vez pronta, você precisará apenas digitar os dados variáveis para obter seus orçamentos de criação.

2.1 O que são custos fixos e o que são custos variáveis (transformando despesas em custos fixos para montar sua estrutura de custos)

As despesas são desembolsos, vamos chamá-los de custos, que são classificados como custos fixos e custos variáveis.

Os custos fixos são aqueles que você tem todos os meses, como: aluguéis, salário de colaboradores, contador, telefone, luz e condomínio.

Os custos variáveis são custos específicos de cada projeto, ou aqueles que ocorrem eventualmente, como: envio de encomendas, suprimentos, materiais, motoboys, despesas bancárias, encargos financeiros, freelancers ou serviços terceirizados, como os de fotografia ou ilustração.

Os custos fixos, somados, formam o custo operacional da empresa. É possível dividi-lo pelas horas técnicas disponíveis para a definição de um custo-hora operacional. Os custos variáveis são somados em etapa posterior à composição de preços. O grande risco dos custos variáveis são os custos não previstos ou negligenciados no orçamento: eles consomem o lucro desejado e terminam por transformá-los em prejuízo.

> **Dica 4: Transformação do máximo de custos variáveis em fixos. Planejamento de verbas para investimentos e sua transformação em custos fixos também**
>
> Isso reduz consideravelmente os riscos de prejuízo: Você Ltda. cobra um preço mais consistente e pode provisionar recursos para investimentos. A provisão talvez cause a sensação de que seus orçamentos

estão inflados, mas eles na verdade estão sendo mais realistas. Você Ltda. terá mais chance de atingir as metas de lucro e de crescimento.

Faça o seguinte:

- Custos fixos de valor oscilante, como eletricidade e telefone – calcule a média mensal dos gastos de um ano ou semestre.Use esse valor médio no planejamento.

- Custos eventuais, mas que sempre ocorrem, como manutenção bimestral de computadores, compra de materiais, despesas de correio – procure imaginar o gasto anual ou semestral com esses itens. Faça a média mensal e utilize-a no planejamento.

- Investimentos planejados que sejam essenciais, como renovação de computadores – planeje em quanto tempo você precisará fazer o investimento e divida o custo pelo tempo. Use esse valor como verba provisionada para o investimento (exemplo: se você já sabe que precisará trocar o computador a cada dois anos, divida o preço dele por 24 e acrescente essa verba ao planejamento: na hora de trocar, você estará com o dinheiro na mão).

- Verbas para estratégias de marketing, como divulgação, apresentação, participação em eventos, cursos de aperfeiçoamento – planeje as ações desejadas para um ano, levante os custos, divida o total por 12 e você terá uma verba mensal no planejamento.

Você é capaz de dosar essas verbas de investimento de maneira sensata de acordo com seus clientes e volume de trabalho. É importante não ser megalomaníaco, mas é primordial prever esses investimentos. Sem esse componente em seus custos, os investimentos precisarão ser todos custeados pelo dinheiro originado do lucro, e os lucros desaparecerão.

Como você deve ter reparado, há vários fatores que contribuem para o desaparecimento do lucro, essa é uma das razões para fazer um planejamento cuidadoso da Você Ltda.

Crie uma planilha de custos fixos no Excel, anexa à sua planilha de orçamento, para obter mudanças imediatas no cálculo se um dos componentes dos custos fixos for alterado (ver seção 2.6).

	A	B
1	**Meu salário**	
2	Retirada mensal	R$ 4.000,00
3	**Custos fixos**	
4	Diarista	R$ 200,00
5	Aluguel	R$ 500,00
6	Condomínio	R$ 300,00
7	Luz	R$ 200,00
8	Celular	R$ 150,00
9	Telefone fixo	R$ 150,00
10	Verba para manutenção	R$ 100,00
11	Verba para renovar computador	R$ 200,00
12	Internet	R$ 100,00
13	Total Custos fixos	R$ 1.900,00
14	**Custos variáveis**	
15	Materiais	
16	Motoboys	
17	Táxis	
18	Correios	
19	Outros	

Para fazer isso, basta abrir um arquivo do Excel e listar os itens. Clique com o botão direito do mouse sobre a letra "B" da planilha para selecionar todas as células, e escolha formatar. Em seguida, escolha "moeda" para exibir os valores no formato de dinheiro.

2.2 Cálculo de seu custo-hora (horas úteis, tempo para atividades não produtivas)

Vamos calcular o seu custo-hora, isto é, quanto você vai custar à Você Ltda. por hora trabalhada. Para isso, precisamos saber duas coisas: qual é o seu salário e quantas horas por mês você vai trabalhar oficialmente para a Você Ltda.

O salário é fácil, pois você já disse à Você Ltda. quanto quer receber (ver seção 1.3). Digamos que sejam R$ 4 mil.

Quanto às horas: imaginando oito horas diárias de trabalho, considere que pelo menos uma delas será gasta em atividades de planejamento ou administração. As horas produtivas precisarão remunerar também as horas administrativas. Sobram, então, sete horas produtivas por dia. Se considerarmos 21 dias úteis em um mês, você terá 147 horas produtivas neste exemplo (sua capacidade de produção mensal).

Para encontrar seu custo-hora, basta dividir o salário pelas horas úteis, ou seja, R$ 4.000,00/147 = R$ 27,21.

O seu custo-hora é de R$ 27,21. Essa informação é de um componente do seu preço, mas nunca diga ao cliente qual é seu custo-hora. Sobre ele ainda incidirão os impostos e a ele serão acrescidos outros custos operacionais da Você Ltda. Esse custo-hora só interessa à Você Ltda. porque é referente apenas ao seu salário.

Por que calculamos oito horas de trabalho diárias?

Bom, cada dia tem 24 horas. Supondo que você durma oito, gaste duas em refeições, duas em deslocamentos e duas fazendo atividades pessoais, sobram cerca de dez horas para trabalhar.

Presuma que você dispõe das dez horas sem prejudicar sua vida pessoal, vamos considerar oito horas de trabalho e deixar duas como reserva. Nessas horas de trabalho, consideramos sete para produção e uma para administração. É importante se impor um horário de trabalho disciplinado mesmo sendo autônomo.

À medida que a Você Ltda. crescer, mais horas precisarão ser gastas na administração até o ponto que será impossível você trabalhar sozinho. Então, você pode contratar alguém ou associar-se a alguém. Muitas empresas começam desse ponto.

A planilha de cálculo de orçamentos inclui o cálculo de seu custo-hora (ver seção 2.6).

	A	B	C	D
2	Cálculo de custo-hora			
3		valor	hora/mês	valor/hora
4				
5	Custo-hora meu salário	R$ 4.000,00	147	R$ 27,21
6	Custos fixos sem salários	R$ 1.900,00	147	R$ 12,93

Na célula em que você espera ter o valor do custo-hora, escreva a fórmula $=B5/C5$ e surgirá o resultado. É conveniente usar sempre fórmulas em células de cálculo para você ter resultados sempre atualizados. Se mudar o valor do salário ou a quantidade de horas, a fórmula recalcula automaticamente o custo-hora. Essa fórmula significa que o valor contido na célula B5 (R$ 4.000,00) será dividido pelo valor da célula C5 (147 horas).

As células do Excel e de outros softwares de planilhas eletrônicas têm endereços similares aos dos jogos de Batalha Naval: coluna x linha.

2.3 Planejamento do tempo (dividindo o trabalho em etapas)

Você já sabe o custo-hora referente ao seu salário, então logo poderá saber o custo-hora operacional da Você Ltda. O cálculo do custo de produção dos trabalhos está associado à multiplicação desses dois custos-hora por uma quantidade estimada de horas para o desenvolvimento do trabalho.

Estimar essa quantidade de horas é bastante importante. É algo que você só vai fazer realmente bem quando conhecer a fundo tanto o cliente quanto o próprio ritmo de trabalho.

Estimar a quantidade de horas serve para duas coisas:

- ter o fator multiplicador para saber quanto custará para você o projeto (custo de fazer);

- traçar uma meta de controle para o desenvolvimento do trabalho e para ter a possibilidade de melhor avaliar se, uma vez concluído, trouxe mais lucro que o esperado (concluído antes do previsto) ou se trouxe prejuízo (se exceder a quantidade de horas previstas).

Como fazer?

Bom, para resolver um problema difícil, reduza-o a problemas menores. No caso, significa dividir o projeto em etapas. Procure visualizar quantas e quais etapas serão necessárias, tais como:

- pesquisa
- geração de ideias
- criação de layout
- alteração de layout
- arte-final
- orçamentos de produção

A seguir, procure atribuir uma quantidade de horas para cada etapa. Vamos tomar como base o caso de um folheto: imagine gastar duas horas em pesquisa, três na criação de alternativas, dez no layout, quatro em alterações de layout e três em arte-final.

Some o total de horas previstas. No exemplo do folheto: 22 horas.

Dica 5: Tempo de reserva

Caso o projeto seja para um cliente novo, considere prever uma reserva de tempo. Uma vez que você não o conhece, a reserva é uma margem de segurança para reduzir o seu risco. Essa margem pode ser de 10% a 20% do tempo previsto, você decide em função de sua percepção com relação à empresa. Quantas pessoas precisarão aprovar o projeto? A empresa parece ser organizada ou confusa?

Para um projeto que prevê 40 horas, calcule com base em 44 a 48 horas. A reserva de tempo também inclui uma margem de segurança extra para seu orçamento caso o cliente queira negociar um desconto maior (ver mais detalhes na seção 3.3).

Construa uma planilha do cálculo de tempo em sua planilha de orçamento (ver seção 2.6).

	A	B	C	D	E	F	G	H	I	J	L
2	Horas previstas – cronograma Freela										
3	Você Ltda.	Pesquisa	Ger. ideias	Layout	Alt. layout	Apresentação	Des. técnico	Detalhamento	Arte- final	Ac produção	TOTAL
4		8	4	16	16	0	0	0	3	0	47

Na célula abaixo do total, local em que se espera ter a soma das horas, a fórmula deve ser similar à que usamos no cálculo das horas – no exemplo anterior, algo como =B4+C4+D4+E4+F4+G4+H4+I4+J4 –, ou deve ter a função de soma, que é mais útil quando somamos células alinhadas verticalmente ou horizontalmente. A função de soma no Excel em português é =soma(B4:J4), que no exemplo soma o que estiver contido da célula B4 até a célula J4 (em versões do Excel em inglês, a função é =SUM (célula inicial:célula final).

Digo que é mais útil usar a função porque reduz o risco de esquecermos de somar alguma das células e porque, se quisermos inserir outras células no meio do intervalo, elas serão automaticamente incluídas na soma.

A reserva de tempo é um percentual, portanto é calculada sobre o total das horas. Para calcular acréscimos percentuais em uma calculadora, fazemos: (valor x percentual) + valor.

Na célula abaixo do total, em que queremos obter o total acrescido da reserva de tempo, é possível escrever uma fórmula igual à que faríamos na calculadora, porém, em vez de valores, faríamos referência às células envolvidas. Dessa maneira, garantimos que o total será atualizado caso mudemos a quantidade de horas ou o percentual de reserva de tempo.

A fórmula fica assim: =(K4*L4%)+K4.

	A	B	C	D	E	F	G	H	I	J	L
2	Horas previstas – cronograma Freela										
3	Você Ltda.	Pesquisa	Ger. ideias	Layout	Alt. layout	Apresentação	Des. técnico	Detalhamento	Arte-final	Ac produção	TOTAL
4		8	4	16	16	0	0	0	3	0	47

Reserva de tempo (%)	10
Total de horas + res. tempo | Horas totais operacionais	51,7

Clientes: uma reavaliação de orçamentos com base no tempo

Em um dado momento, percebemos que desenvolvíamos exatamente o mesmo tipo de projeto para dois clientes. Em função do tempo e de políticas internas desses clientes, cobrávamos valores diferentes. Para um certo trabalho, na época o cliente A pagava R$ 600 e o cliente B pagava R$ 700.

Intuitivamente, se tivesse de priorizar um dos dois, qual você priorizaria?

Nós, intuitivamente, dávamos preferência ao cliente B, que nos pagava mais. E isso se refletia no volume de trabalho, B nos passava então o dobro de trabalho de A.

As contas, no entanto, não fechavam e vínhamos acumulando prejuízos com esses dois clientes.

Resolvemos inverter a planilha para fazer uma reavaliação dos trabalhos, não utilizando horas previstas, mas as horas efetivamente gastas nos dez últimos trabalhos de ambos.

O resultado foi surpreendente:

- Para A gastávamos menos horas, porém eram mais horas que o previsto, e no final cada projeto tinha lucro zero.

- Para B gastávamos muito mais horas do que o previsto, pois havia um novo diretor que fazia questão de aprovar os projetos após a aprovação do gerente, o que gerava mais retrabalho em função das duas instâncias. Descobrimos que, em cada trabalho de B, tínhamos prejuízo de quase 10%.

Estou certo de que isso ocorre com muitos de vocês, leitores, e é algo difícil de perceber mesmo. Mas uma vez percebido, ações precisam ser tomadas para reverter o prejuízo. Ninguém sobrevive com prejuízo, que consome o lucro de outros trabalhos, nem com resultado zero. Trabalhar só para pagar contas é desestimulante para quem corre todos os riscos como autônomo ou empresário.

As ações:

- Propusemos aumento de 10% ao cliente A: já valeria a pena fazer e representaria o preço de R$ 660 no exemplo.

- Propusemos aumento de 20% ao cliente B. O impacto seria maior, no exemplo o preço passaria a R$ 840,00 para valer a pena.

O risco nas duas ações é basicamente o mesmo, o cliente tem o direito de não concordar e aí perde-se o cliente. Mas perceba que é preferível perdê-lo a atendê-lo com prejuízo para a empresa. Você Ltda. poderia padecer e o cliente contrataria outro designer em seguida.

O cliente A não aceitou aumento algum, disse que vinha trabalhando com outros designers que cobravam menos. Perdemos esse, mas o cliente B não só concordou como também passou a dar mais valor a nosso trabalho, delegando projetos de maior importância. Continuou sendo nosso cliente por mais de dez anos.

2.4 Cálculo do custo de fazer (custo operacional)

O cálculo do custo-hora operacional é muito similar ao cálculo do seu custo-hora. Para simplificar, muitas pessoas até calculam junto.

Recomendo a você fazer o cálculo separadamente por algumas razões:

- No início o divisor é o mesmo e parece mais lógico juntar as duas contas, já que o divisor é a capacidade de produção (horas disponíveis em um mês) e você trabalha sozinho. Contudo, se seu volume de trabalho aumentar e você tiver de contratar um estagiário, a capacidade de produção operacional será a soma das horas produtivas suas e do estagiário (por exemplo, 147 suas + 84 do estagiário = 231 horas) e o divisor para cálculo do custo-hora operacional fará com que o custo--hora operacional caia. Isso se dá porque há duas pessoas trabalhando com o mesmo custo operacional da estrutura, que é compartilhado.

- O cálculo separado serve para consolidar a separação você x Você Ltda. caso o exemplo anterior não tenha sido convincente.

Como fazer?

- Liste todos os seus custos fixos (quais são e, ao lado, quanto custam) – lembre-se de trazer o máximo de custos variáveis e investimentos planejados para cá (ver seção 2.1).

- Some os custos fixos no fim.

- Divida o total dos custos fixos pela soma das horas de produção dos profissionais de criação. Se você trabalha sozinho, divida esse total pelas horas da sua capacidade de produção.

- Você encontrou o custo operacional.

> ### Dica 6: Redução dos custos fixos
>
> Os custos são o desembolso da empresa. Reduzir o custo de fazer sem prejudicar a qualidade significa eficiência e pode trazer um lucro

maior ou representar preços menores e maior competitividade sem prejudicar seu plano de investimentos.

Listar os custos fixos e trazer custos variáveis para fixos, em si, já garantem visualizar alguns pontos passíveis de melhora.

Se você percebe que tem determinado gasto mensal em garrafas de água, comece a avaliar a hipótese de comprar um bebedouro, que se pagaria em poucos meses e no fim do ano geraria economia.

Se você percebe que tem uma demanda diária de entregas de motoboys, avalie se não valeria a pena fazer um contrato mensal com o fornecedor.

Se você compra papéis, cartuchos de tinta e outros materiais com frequência, passe a comprá-los em uma papelaria que venda por atacado.

A planilha de cálculo de orçamentos inclui na primeira aba o cálculo do custo-hora operacional com base na planilha de custos fixos que você criou para a seção 2.1 (ver seção 2.6).

	A	B
2	**Meu salário**	
3	Retirada mensal	R$ 4.000,00
4	**Custos fixos**	
5	Diarista	R$ 200,00
6	Aluguel	R$ 500,00
7	Condomínio	R$ 300,00
8	Luz	R$ 200,00
9	Celular	R$ 150,00
10	Telefone fixo	R$ 150,00
11	Verba para manutenção	R$ 100,00
12	Verba para renovar computador	R$ 200,00
13	Internet	R$ 100,00
14	Total Custos fixos	R$ 1.900,00

Basta acrescentar à planilha da seção 2.1 a fórmula de soma na célula correspondente.

No exemplo, utilizamos a função de soma =SOMA(B5:B13), que somou todos os valores compreendidos entre as células B5 e B13, verticalmente (para Excel em inglês, a função é SUM, em vez de SOMA).

	A	B	C	D
2	Cálculo de custo-hora			
3		valor	hora/mês	valor/hora
4				
5	Custo-hora meu salário	R$ 4.000,00	147	R$ 27,21
6				
7	Custos fixos sem salários	R$ 1.900,00	147	R$ 12,93

Na célula correspondente ao total de custos fixos (R$ 1.900,00), clique e digite = e clique na célula da soma dos custos fixos. Isso é útil porque, se você mudar o valor de algum dos custos fixos, a soma mudará automaticamente e o valor será também atualizado na planilha anterior.

Na célula correspondente a horas/mês dos custos fixos, escreva = e clique na célula de horas do custo=hora salário, para ser atualizada automaticamente no caso de mudar a quantidade de horas de trabalho. No exemplo, na célula C7 você digitaria: =C5.

	A	B	C	D
2	Cálculo de custo-hora			
3		valor	hora/mês	valor/hora
4				
5	Custo-hora meu salário	R$ 4.000,00	147	R$ 27,21
6	Custo-hora estagiário	R$ 1.000,00	84	R$ 11,90
7	Custos fixos sem salários	R$ 1.900,00	231	R$ 8,23

Se você tiver um estagiário (se você for MEI, pode contratar um), ou por um período compartilhe seus trabalhos e custos com outro colega freelancer, o cálculo do custo-hora da segunda pessoa é feito do mesmo modo que o seu (veja as linhas 5 e 6 do exemplo). Mas o cálculo do custo-hora das despesas fixas é diferente, uma vez que essas despesas são compartilhadas. O divisor, nesse caso, deve ser a soma das horas das pessoas envolvidas. Na célula C7, foi digitado =C5+C6 para atualizar o cálculo automaticamente caso mude a quantidade de horas de uma das duas pessoas envolvidas.

2.5 Taxa de urgência, lucro desejado, outros itens percentuais, impostos

Já apresentei o conceito de reserva de tempo, que é acrescentar um percentual a mais de horas à sua previsão de cronograma para reduzir seu risco de erro na previsão. Essa reserva de tempo é acrescentada no início, nas horas previstas, conforme você avaliar o grau de incerteza na aprovação de um projeto pelo cliente logo de primeira.

Vou apresentar outros componentes do preço que também são calculados em percentuais. Como esses componentes são calculados sobre o preço final, eles só são acrescentados ao fim do cálculo. Por tal motivo, serão acrescentados à sua planilha apenas na seção 2.7.

Taxa de urgência

Taxa de urgência é algo que faz arrepiar os cabelos dos clientes ao ser mencionada. Deve-se cobrá-la sempre que o projeto precisar ser executado em prazo menor que o usual. Essa é uma medida educativa, serve para acostumar o cliente a planejar melhor os prazos para gastar menos, e é justificável por um eventual aumento de despesas de produção (horas extras, táxis, alimentação). Em geral, o acréscimo é de 5%, 10%, 15%, o que for mais apropriado. Normalmente, cobro 10% de acréscimo.

Como causa espanto, nem sempre digo que há taxa de urgência embutida no preço. Na maioria das vezes, se o cliente percebe que o preço está maior que o usual e pergunta por quê, explico que é em razão da taxa de urgência. Quase sempre é aceita e resulta em um prazo melhor no projeto seguinte, se o cliente ficar feliz com o resultado do primeiro.

Lucro desejado

Você pode aplicar ao cálculo do preço o lucro desejado para cada projeto. Estimar um valor muito alto infla o preço, mas o lucro é a razão da atividade comercial. Recomendo algo em torno de 20%, lembrando que são 20%

sobre o preço bruto, que acabam representando quase o dobro em relação ao custo de produção.

Margem de negociação

Caso você não esteja habituado a trabalhar com o cliente, um pequeno percentual deve ser estimado como margem para negociação. Recomendo 5% a 10% para não inflar o preço original; conceder descontos grandes faz parecer que você "chutou" o preço cobrado, que não tem a menor base de cálculo e reduz a percepção de valor do cliente em relação a você. Há mais informações sobre negociação no capítulo 3.

Impostos...

Há os impostos. Se você for freelancer: imposto de renda e INSS. Se você já for empresa, vai pagar imposto de renda, PIS, Cofins, CSLL. O caminho do meio é o MEI (microempreendedor individual), que paga um valor fixo e bastante baixo por mês, mas tem limite mensal de faturamento. Talvez seja interessante conhecer as alíquotas de impostos de empresas porque, em alguns casos, os clientes exigirão notas fiscais. Nessas situações, os freelancers devem apresentar notas emitidas por empresas e depois receber o total, descontados os impostos. Se o cliente exigir RPA (recibo de profissional autônomo), que é o recibo fiscal de um freelancer, fará um pagamento descontando impostos também, dependendo do valor.

Imposto de renda

Você encontra as alíquotas de impostos atualizadas no site da Receita Federal. Elas normalmente mudam todos os anos em função da correção monetária. As alíquotas de impostos para pessoa física encontram-se no link http://receita.economia.gov.br/acesso-rapido/tributos/irpf-imposto-de-renda-pessoa-fisica.

Há cinco faixas para pessoa física: isento, 7,5%, 15%, 22,5% e 27,5%, proporcionais aos valores recebidos.

Tabela progressiva para o cálculo mensal do imposto de renda de pessoa física de abril de 2015

	A	B	C
1	Base de cálculo mensal em R$	Alíquota %	Parcela a deduzir do imposto em R$
2	Até 1.903,98	-	-
3	De 1.903,99 até 2.826,65	7,5	142,80
4	De 2.826,66 até 3.751,05	15,0	354,80
5	De 3.751,06 até 4.664,68	22,5	636,13
6	Acima de 4.664,68	27,5	869,36

Como calcular o imposto de renda que será retido em minha RPA?

Você precisa saber o custo de produção e aplicar a ele as taxas (ver seção 2.7), estimando uma das faixas de retenção de impostos. Assim, terá um preço estimado. Compare-o com as faixas de retenção do imposto de renda e veja se a taxa que você estimou bate com a taxa da tabela. Se não for correspondente, faça nova estimativa com a modificação do percentual de impostos.

Exemplos:

Imagine que você quer receber R$ 850 líquidos por um trabalho e estima o preço com base em uma taxa de 15% de retenção de imposto de renda. O preço final dá R$ 1 mil. Pelas alíquotas de 2015, você estaria isento, ou seja, pode cobrar R$ 850,00 mesmo que não haja retenção de imposto de renda na fonte (até R$ 1.903,98 = isento).

Imagine que você quer receber R$ 3.200,00 líquidos por um trabalho e estima o preço com base nos mesmos 15%: terá um preço de R$ 3.764,00. Pelas alíquotas de 2015, você vai reter 22,5%, descontados R$ 636,13. O ideal é recalcular o preço com base nos 22,5% (R$ 4.129,00) e guardar a diferença, ou reduzir levemente seu preço para que se encaixe na tabela dos 15% (R$ 3.750,00).

Dica 7: Monitoramento dos recursos para reduzir o impacto da declaração anual do imposto de renda e para reter menos impostos

Ainda que apenas uma parte dos impostos previstos em seus orçamentos seja retida na fonte, você deve guardar o restante para pagar a sua declaração de ajuste no fim do exercício (no fim do ano), pois o cálculo do imposto sobre os recebimentos é cumulativo.

Isso ocorre também para recebimentos de um mesmo cliente em um mês, portanto é preciso cuidado ao emitir várias RPAs em situações parecidas. As retenções são calculadas pelo valor acumulado. Se você tiver emitido uma RPA de R$ 1,5 mil sem retenção e depois emitir uma segunda de R$ 1,5 mil, na segunda terá retenção de 15% sobre o total das duas (R$ 3 mil).

Você deve monitorar seu imposto devido; para isso, some mensalmente tudo o que recebeu por RPA ou por outras fontes de renda comprovadas e compare à tabela de alíquotas de impostos. Calcule quanto deveria ter sido pago pelo total do mês e compare ao valor que foi retido.

Se você estiver retendo consideravelmente menos que o valor a pagar, tome cuidado, pois no ano seguinte, ao apresentar a declaração de renda, precisará pagar toda a diferença. Reserve recursos para isso.

Se você estiver retendo consideravelmente mais que o valor a pagar, procure emitir suas RPAs de modo a reter menos na fonte, por exemplo parcelando um trabalho em dois meses.

MEI

Quem for microempreendedor individual na categoria de serviços paga por mês R$ 54,90 e fica isento dos tributos federais, como imposto de renda de pessoa jurídica, PIS, Cofins, IPI e CSLL. Se tiver empregados, deverá arcar com os custos trabalhistas normalmente. Esse valor, referente a 2019, é atualizado de tempos em tempos.

INSS

O INSS pode ser pago com base no piso mínimo de R$ 998,00, equivalente a 11%. Acima desse piso, e até o limite máximo de R$ 5.839,45, a retenção é de 20% (valores em uso em 2019, para informações atualizadas consulte o link http://www.guiatrabalhista.com.br/guia/tabela_inss_empregados.htm).

Alguns clientes retêm o INSS em seus pagamentos de RPAs, é essencial você se informar disso antes de enviar o orçamento. Se o cliente fizer a retenção na fonte, você precisa incluir o percentual no cálculo do preço.

Essa retenção, no entanto, só é permitida, por lei, dentro de um mesmo mês, até o valor-limite. Fique atento a isso caso seus recebimentos em um mês ultrapassem aquele valor, pois se a retenção for feita indevidamente será impossível recuperar.

Conforme o site da Previdência Social: "O contribuinte individual que, no mesmo mês, prestar serviços a empresas e, concomitantemente, a pessoas físicas ou exercer atividade por conta própria deverá, para fins de observância do limite máximo de salário de contribuição, recolher a contribuição incidente sobre a remuneração recebida de pessoas físicas ou pelo exercício de atividade por conta própria somente se a remuneração recebida ou creditada das empresas não atingir o referido limite."

Saber as alíquotas de pessoa jurídica (empresas) é um pouco mais difícil, já que há diferentes situações fiscais e enquadramentos de acordo com o faturamento, o porte da empresa e a atividade, e há impostos municipais, estaduais e federais. Caso precise apresentar nota fiscal, informe-se com sua empresa parceira antes de apresentar o orçamento ao cliente.

O mais importante para um freelancer, com relação aos impostos, é saber no momento do briefing como é a política de pagamento da empresa: se exige RPA ou nota fiscal. Se exigir RPA, informar se a empresa retém o INSS e informar o prazo de pagamento.

Caso você faça seu orçamento sem levar esses itens em conta, está arriscado a entrar em uma grande enrascada.

2.6 Planilha sim! (cálculo do custo de produção)

Nos capítulos anteriores, vimos que, com operações e fórmulas bem simples, é relativamente fácil construir uma planilha de orçamentos no Excel. Em um mesmo arquivo (chamado no Excel de Pasta de Trabalho), você tem condições de montar sua planilha de cálculo de orçamentos com diferentes abas (planilhas de uma mesma pasta de trabalho).

A primeira planilha pode ser a dos custos fixos; a segunda, do cronograma previsto; e a terceira, do cálculo de orçamento.

É interessante que esses itens estejam no mesmo arquivo, pois torna possível uma célula se referir à outra célula de uma mesma planilha ou de outra planilha da mesma pasta de trabalho. Assim, por exemplo, em um arquivo totalmente inter-referenciado, se você muda o custo do aluguel, mudarão automaticamente o custo fixo total, o custo-hora do custo operacional, o total em valor proporcional às horas previstas para o trabalho e o preço final.

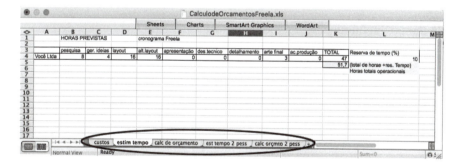

No exemplo anterior, há várias planilhas em uma mesma pasta de trabalho.

Caso tenha feito até aqui as planilhas em arquivos separados, recomendo unificá-las em planilhas de um mesmo arquivo. Prosseguiremos com aquela que apresentava o custo-hora do salário e da estrutura.

Para calcularmos orçamentos com base na previsão do tempo, precisamos ter dois elementos: a quantidade de horas previstas e o custo-hora.

	A	B	C	D	E
3	Cálculo de custo-hora				
4		valor	hora/mês	valor/hora	
5	Custo-hora meu salário	R$ 2.000,00	147	R$ 13,61	
6					
7	Custos fixos sem salários	R$ 1.900,00	147	R$ 12,93	
8					
9					
10					
11					
12					
13					
14					
15					
16					
17					
18					

O custo-hora nós já calculamos tanto para o salário quanto para os custos fixos (2.2 e 2.4).

O tempo, incluindo a reserva de tempo, é calculado na planilha de cronograma (2.3).

O passo seguinte é multiplicar o tempo previsto pelo custo de cada hora, a dos salários e a dos custos fixos.

No exemplo, na célula correspondente à "quantidade de horas", escrevemos = e a seguir clicamos na célula do total de horas previstas na planilha do cronograma. Na célula ao lado, "custo do tempo", escrevemos a fórmula =(célula de quantidade de horas)*(célula do custo-hora). No exemplo: H5 =G5*D5 e em H7 =G7*D7.

Ao somar os totais de custos de horas-salário, horas-estrutura e os custos variáveis, chega-se ao custo de produção previsto para aquele projeto.

O custo de produção representa o custo de fazer o projeto, ou seja, com quanto aquele projeto vai contribuir para o pagamento das despesas durante o período em que estiver sendo executado.

F	G	H
Cálculo de orçamento		
Cálculo custo fixo	Quant. de horas	Custo do tempo
Salário	51,7	R$ 703,40
Operacionais	51,7	R$ 668,23
Total custo fixo		R$ 1.371,63
Custos variáveis envolvidos		
Materiais		R$ 50,00
Motoboys		R$ 0,00
Táxis		-
Correios		-
Outros		R$ 25,00
TOTAL PRODUÇÃO (fixos + variáveis)		R$ 1.446,63

Lembro que o custo de produção previsto deve funcionar como meta de controle; se foi previsto utilizar no total 50 horas para o desenvolvimento de um projeto, essa é a meta para o desenvolvimento.

Se utilizarmos menos tempo, estaremos majorando os lucros. Se utilizarmos mais tempo, precisaremos monitorar os outros projetos com mais cuidado: talvez seja o sinal de que há algum problema sistemático na produção ou no relacionamento com os clientes. Quais fases estão sendo mais demoradas do que deveriam ser? Talvez seja necessário rever processos ou modificar as previsões de tempo em nossos orçamentos.

A planilha montada pode ser tomada por base para calcular os mais diversos orçamentos. Você precisará apenas modificar o cronograma previsto e alterar os custos variáveis envolvidos para obter os custos de fazer para quaisquer projetos. Por enquanto, ela nos mostra apenas o custo de produção, que é diferente do preço, e precisa ser complementado pelos impostos e taxas descritos na seção 2.5 para, então, resultar nos preços a serem cobrados dos clientes.

2.7 Cálculo do preço do projeto

Os impostos e taxas são todos calculados em percentuais do preço bruto. Isso é algo muito importante a saber! Se você deseja receber R$ 1 mil e tem 30% de impostos e taxas, não deverá cobrar R$ 1.300 (caso contrário, receberá R$ 910, quase 10% a menos, e olha o lucro desaparecendo!), precisará cobrar R$ 1.428,57. Basicamente, a conta é a seguinte: o que você quer receber = 100% - os percentuais que incidem sobre o preço.

Parece confuso? Veja este gráfico:

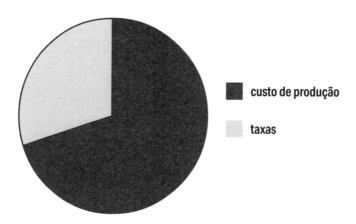

No gráfico, a pizza inteira representa o preço. A área das taxas é conhecida em percentual. Como o preço é 100%, o custo de produção é 100% – taxas.

No exemplo, 100% - 30% = 70%.

O custo de produção é conhecido; no exemplo é R$ 1 mil. Assim, R$ 1 mil são equivalentes a 70%; basta dividir os R$ 1 mil por 70 e multiplicar por 100 para encontrar o preço final.

$$\text{Preço} = \frac{\text{R\$ custo de produção}}{(100 - \text{taxas})} \times 100$$

No exemplo, o preço $= \dfrac{\text{R\$ } 1.000 \times 100}{70} = \text{R\$ } 1.428,57$

Ao acrescentarmos em nossa planilha as taxas que incidirão sobre o preço final e seus percentuais, podemos acrescentar uma célula de soma das taxas e usar a fórmula anterior na célula de preço.

	F	G	H
18	TOTAL PRODUÇÃO (fixos + variáveis)		R$ 1.781,12
19			
20	Correspondente percentual (preço-taxas)	=100-G30	
21			
22	Taxas e impostos	alíquota (%)	valor
23	Margem de negociação	5	R$ 137,01
24	Encargos financeiros	0	-
25	Lucro desejado	15	R$ 411,03
26			
27	IR Fonte - alíquota estimada	15	R$ 411,03
28	INSS	-	-
29			
30	TOTAL em taxas e impostos	35,0	R$ 959,07
31			
32	Preço do projeto		R$ 2.740,19

No exemplo, para encontrarmos o preço:

1. Somamos os percentuais de taxas incidentes sobre ele. Para isso, usamos a função de soma, =SOMA(G23:G28) (nas versões em inglês, SUM).

2. Calculamos o percentual correspondente ao custo de produção: basta fazer 100% - a soma dos percentuais = 100 - G30.

3. Na célula do preço, dividimos o custo de produção pelo percentual correspondente (acharemos assim o valor de 1%) e multiplicamos por 100. No exemplo, o custo de produção será correspondente a 65%, então dividimos os R$ 1.446,63 por 65 e multiplicamos por 100; o resultado é o preço. A fórmula para a célula do preço é =H18/G20*100.

Note que, no exemplo anterior, o total foi um valor inferior à alíquota de 15% de imposto de renda. A alíquota correta seria de 7,5%, mas essa estimativa de impostos a reter na fonte está muito relacionada ao seu movimento total de projetos, uma vez que tem efeito acumulativo. Se você prestar qualquer outro serviço no mesmo mês ao mesmo cliente e faturar mais R$ 600, precisará reter os impostos à alíquota de 15%. E se faturar outros R$ 1 mil para um cliente qualquer naquele mês, pode precisar pagar impostos por alíquotas ainda maiores em seu ajuste anual caso tenha faturamento similar nos outros meses do ano e precise emitir RPAs em todos os seus trabalhos.

Está pronta sua planilha de cálculo de orçamentos!

	A	B	C	D	E	F	G	H
1	Cálculo de custo-hora					Cálculo de orçamento		
2		valor	hora/mês	valor/hora		Cálc. Custo fixo	Quant. de horas	custo do tempo
3	Custo-hora meu salário	R$ 2.000,00	147	R$ 13,61		Salário	51,7	R$ 703,40
4	Custos fixos sem salários	R$ 1.900,00	147	R$ 12,93		Operacionais	51,7	R$ 668,23
5						Total custo fixo		R$ 1.371,63
6						Custos variáveis envolvidos		
7						Materiais		R$ 50,00
8						Motoboys		R$ 0,00
9						Táxis		-
10						Correios		
11						Outros		R$ 25,00
12						TOTAL PRODUÇÃO (fixos + variáveis)		R$ 1.446,63
13						Correspondente percentual (preço-taxas)	65,0	
14						Taxas e impostos	alíquota (%)	valor
15						Margem de negociação	5	R$ 111,28
16						Encargos financeiros	0	
17						Lucro desejado	15	R$ 333,84
18						IR Fonte - alíquota estimada	15	R$ 333,84
19						INSS	-	-
20						TOTAL em taxas e impostos	35,0	R$ 778,96
21						Preço do projeto		R$ 2.225,59

É provável que você a utilize, fazendo modificações e correções aqui e ali; por muito tempo, a planilha foi montada para que você possa atualizar os valores e incluir itens.

Ela poderá ser adaptada para utilizá-la em sua empresa se você resolver abrir uma. Eu utilizei a mesma planilha, atualizando-a até a versão número 23, por quinze anos, basicamente atualizando taxas, incluindo e excluindo pessoas, itens administrativos e componentes do custo fixo da minha empresa.

Erro trágico

Em um dos workshops Quanto custa meu design?, no ponto em que mostrei como os percentuais de impostos, previsão de lucro etc. são calculados sobre o preço final, e não sobre o custo de fazer, percebi que um dos participantes chorava.

Ele relatou, então, ao grupo que aquela era uma das coisas mais simples e mais importantes que aprendera, e explicou:

"Quando me formei, meu pai alugou uma sala para mim e montou um escritório, como fazem muitos dentistas e médicos. Eu tinha muitos trabalhos como freelancer e morava sozinha há dois anos, fiquei muito animada com a independência que conquistaria.

Sempre calculei meus orçamentos com 15% a 20% de lucro e tinha a prudência de destinar uma parte dos recebimentos para o escritório, mas retirava a maior parte para mim, como complemento ao salário. Com o lucro, comprei um carro e comecei a pagar as prestações.

Estranhamente, ao término do primeiro ano, verifiquei que havia consumido toda a minha poupança com o escritório. Sem perceber.

No ano seguinte, mesmo incluindo a previsão de lucros e monitorando o tempo de execução dos projetos, minha poupança acabou e eu simplesmente não consegui mais manter o escritório. Devolvi a sala e voltei a trabalhar em casa. Tive de fazer um empréstimo.

No terceiro ano, precisei entregar meu apartamento e voltei a morar com meus pais. E acabo de vender o carro porque não conseguia mais pagar as prestações.

Nunca tinha entendido como o meu dinheiro estava desaparecendo, uma vez que continuo trabalhando bastante, consigo prever corretamente o tempo e planejo a retenção dos impostos e o lucro.

Agora entendo por que eu perdi: não calculei esses percentuais sobre o preço final, mas sobre meu custo de fazer. Essa diferença, no mínimo, anulava todo o lucro previsto e ainda consumia meus recursos pessoais para custear as despesas."

Ao analisar o caso, no primeiro ano provavelmente ela teve prejuízo na maior parte dos projetos. A poupança foi consumida no pagamento do carro e na cobertura dos prejuízos não percebidos. Nos anos seguintes, o prejuízo a levou aos empréstimos, e o custo financeiro deve ter substituído o pagamento do aluguel do apartamento em que morava.

Em uma retenção, por exemplo, de 22,5% de impostos + 15% de lucro projetado + 10% de margem de negociação, temos 47,5%. Para um custo de fazer de R$ 4 mil (somando vários trabalhos hipotéticos de um mês), ela calculava R$ 5.900, quando deveria cobrar R$ 7.619 (uma vez que os 47,5% são calculados sobre o preço final).

Considerando esses valores, temos que:

- Ela recebia R$ 1.719 a menos do que deveria receber. Em termos anuais, teria deixado de receber mais de R$ 20 mil. Pode ser que, mesmo com os outros possíveis erros, listados a seguir, esse valor já fosse suficiente para equilibrar suas contas.

- Do valor que recebia e descontando o custo de fazer, ela ficava com R$ 1.900. Como retirava previamente parte do lucro, digamos que R$ 590 (10%), ela ficava com R$ 1.310. Nesse valor mensal, a alíquota a aplicar no ajuste anual na época era maior, de 27,5%, e, mesmo com o desconto, o imposto de renda mensal seria de R$ 930. Sobrariam apenas

R$ 380,00. Se a média mensal de receita era maior que a do exemplo, ou se ela calculava os orçamentos prevendo alíquotas menores ainda, possivelmente com o desconto do imposto já haveria prejuízo.

- Caso ela desse descontos percentuais sempre, ainda que dentro dos 10% previstos, teria prejuízo. Caso ela desse descontos em 2/3 dos orçamentos, ficaria com resultado zero.

- Certamente, ela precisou comprar equipamentos, teve despesas imprevistas, passou por situações em que precisou conceder descontos superiores aos previstos, e esses pequenos prejuízos não foram percebidos, até que no acúmulo progressivo de um ano se fizeram notar. Isso ocorreu também porque ela não separava suas contas pessoais das profissionais. FIM

Manual do freela

Quanto custa seu design

Capítulo 3

A
hora
da
verdade

Proposta
Apresentação
Negociação

Em alguns momentos, você precisará conversar com seu cliente sobre preços, condições de trabalho, sobre o que o projeto inclui ou não, sobre o conceito do projeto e sobre como resolver os mais diversos problemas que possam surgir.

Nessas horas há sempre um confronto de expectativas: quanto você cobra *versus* quanto o cliente espera pagar, como você pretende resolver algo *versus* como o cliente espera que seja feito, como você entende que algo foi combinado *versus* como o cliente entende etc.

Esses confrontos nem sempre são de expectativas diferentes; na maior parte das vezes, são de expectativas com um mesmo sentido e, se você superar as do seu cliente, terá marcado um ponto a mais.

Quando há divergência, é necessário identificar os pontos de conflito e negociar soluções que a meio termo sejam boas para você e para o seu cliente.

Este capítulo trata de fundamentos de negociação e também traz dicas para reduzir e minimizar o seu risco com relação a algumas das situações--problema mais frequentes, que são aquelas que envolvem dinheiro.

3.1 Elementos de uma proposta de serviços (contrato/ orçamento)

Sempre que um projeto novo for solicitado, é importante você preparar um orçamento e enviá-lo ao cliente para aprovação.

Você deve fazer isso sempre antes de iniciar o projeto, mesmo que seja um cliente antigo ou um trabalho simples. Esse hábito educa o cliente e reduz consideravelmente o seu risco.

O orçamento deve apresentar outros itens além do preço, os quais também são importantes porque restringem a sua responsabilidade com o projeto, definem sua abrangência e selam um compromisso formal com o cliente. Desse modo, não só Você Ltda. apresentará o orçamento propriamente dito como também uma proposta de serviços. O cliente pode ou não concordar com a proposta, o que significa muito mais que uma simples aprovação de orçamento, e sua assinatura converte a proposta em um contrato.

Os itens que não devem faltar em uma proposta de serviços são:

Endereçamento

Você deve dirigir sempre sua proposta à empresa do seu cliente e, em seguida, ao cliente, numerando e datando cada uma.

Isso é importante para relacionar pessoas a empresas, para fixar a data de início da validade da proposta e para sua organização.

Um exemplo:

Rio de Janeiro, 15 de março de 2019
Proposta número 001/2019
Construtora X S.A.
a/c sr. Fulano de Tal
Gerente de projetos

Apresentação

Aqui você se apresenta e apresenta em linhas gerais ou detalhadamente o que é o projeto, sendo breve ou não conforme a necessidade. Já vi propostas em que a apresentação ocupava várias páginas, descrevendo a empresa, a equipe, os clientes, mostrando portfólio etc., e outras em que a apresentação ocupava apenas uma linha.

É importante que a apresentação seja útil para o cliente. Se ele for antigo, por exemplo, limite-se à descrição do projeto; se for novo, divida-a em apresentação da Você Ltda. e apresentação do projeto a ser desenvolvido.

Quando tratar do projeto a ser desenvolvido, procure ser objetivo e diga claramente o que é o projeto conforme o que você entendeu na reunião de briefing ou no pedido de orçamento. É importante delimitar as suas tarefas; um dos problemas mais comuns que jovens designers enfrentam está relacionado à falta dessa delimitação.

Um exemplo de apresentação:

Apresentamos esta proposta para a execução de serviços de design relacionados com a sinalização do empreendimento xyz.

O empreendimento xyz é um condomínio composto de dois edifícios residenciais de 15 pavimentos cada e três andares de garagem e áreas comuns.

O projeto abrange o estudo das plantas baixas para definição da circulação de visitantes, a criação do layout de placas de identificação, normatização, direcionamento e de emergência, de acordo com listagem fornecida pelo cliente, o detalhamento técnico das placas criadas e a elaboração de um caderno de especificações.

O projeto trata apenas da sinalização interna do empreendimento, não estão incluídos estudos para sinalização de fachada ou outras identificações externas.

Ao término do projeto será entregue o caderno de especificações com instruções referentes a sinalização, layouts, artes-finais em CD e detalhamentos técnicos. Será entregue também um modelo de pedido de orçamento de produção do projeto.

Fica claro que você não vai produzir a sinalização, que não vai fazer folhetos sobre o prédio e não vai sugerir a cor de pintura da fachada, por exemplo, que seriam solicitações possíveis em um projeto similar no qual não estivessem incluídos os limites da proposta.

Custo

Algumas pessoas preferem colocar "preço do projeto"; outras, "investimento", mas tanto faz. Aqui é importante listar novamente tudo o que será feito, agrupando os itens segundo sua conveniência ou segundo as fases de execução.

Você Ltda. pode apresentar valores globais para os projetos ou, então, especificar o preço de cada item, colocando um TOTAL no final.

É sempre bom colocar, com o total, o modo de pagamento e especificar se o orçamento inclui ou não impostos (o padrão é incluir os impostos todos no preço; se você não tiver incluído e não mencionar nada na proposta, seu cliente vai considerar como incluído).

Se você preferir, acrescente o item "modo de pagamento".

Exemplo:

1 – Projeto básico de sinalização – levantamento de dados e layout dos itens – R$ 7 mil.

2 – Projeto executivo – detalhamentos técnicos, artes-finais e instruções de fixação das placas – R$ 5.415,00.

3 – Produção – cotação de três empresas de produção de placas. A que apresentar melhores custos será a escolhida. O custo de produção será pago diretamente pelo cliente, podendo haver acompanhamento de produção cobrado por um percentual do custo de produção:

R$ 10% do preço de produção (item opcional).

Total: R$ 12.415,00 (doze mil, quatrocentos e quinze reais) + acompanhamento de produção, se contratado.

Pagamento em três etapas: sinal de 30%, 70% restantes em 28 dias da entrega de cada etapa (proj. básico/proj. executivo) impostos incluídos.

No exemplo, separamos o projeto de sinalização em duas etapas para possibilitar a cobrança em separado do projeto básico e do executivo, o que acarretou um recebimento intermediário. Nas condições de pagamento para um projeto de maior duração, é essencial criar um parcelamento que antecipe os pagamentos. É possível, ainda, dividi-los por mês, conforme a negociação com o cliente.

Cronograma

Também chamado de prazo de execução. É indispensável incluir esse item em propostas para projetos mais longos. Em projetos mais curtos, como o de um folder, basta mencionar o prazo com os custos, mas é importante sempre fixar os prazos.

Para projetos com etapas, baseie os prazos das etapas posteriores na conclusão da etapa anterior e na aprovação do cliente quando for o caso.

O cronograma serve para ajudar a manter o projeto dentro do tempo planejado, o que significa dentro do orçamento previsto.

Exemplo:

1 – Projeto básico

1.1 – Levantamento de dados: 5 dias úteis

1.2 – Apresentação dos primeiros layouts: 10 dias úteis do levantamento de dados

1.3 – Apresentação de layouts de todos os elementos de sinalização: 10 dias úteis da aprovação dos primeiros layouts

2 – Projeto executivo

2.1 – Detalhamento técnico: 10 dias úteis da aprovação de todos os layouts

2.2 – Artes-finais de todas as placas e instruções para fixação: 5 dias úteis da entrega do detalhamento

Condições gerais

Em um item chamado condições gerais, relacione outras condições para a realização do trabalho, as obrigações do cliente etc.

Prepare diversas cláusulas-padrão; para isso, pense nas garantias necessárias para os projetos em geral. Na hora de montar sua proposta, basta copiar e colar os itens que possam estar relacionados ao projeto.

É sempre importante lembrar-se de especificar em um dos itens a data de validade da proposta. Exemplo:

a) Não estão incluídos os custos referentes à produção de conteúdo (textos, imagens); esses elementos devem ser fornecidos pelo cliente em mídias digitais, já editados, ou terão seu custo orçado à parte, caso necessário.

b) Em caso de atraso no pagamento, incidirão sobre o valor devido 4% de juros, calculados ao mês, proporcionalmente aos dias decorridos.

c) Caso o projeto seja interrompido antes da conclusão, será cobrado o percentual do valor correspondente ao estágio de desenvolvimento (primeiro layout = 30%, desenvolvimento = 50%, layout aprovado não finalizado = 80%).

d) Validade desta proposta: 60 dias.

No exemplo foram incluídos quatro itens nas condições gerais. Você pode deixar pré-escritos inúmeros itens, mas deve selecionar poucos para cada tipo de proposta a fim de não parecer um daqueles contratos de financiamento de diversas páginas.

A ideia não é assustar o cliente, e sim gerar alguns instrumentos que reduzam os riscos da Você Ltda.

Aceite

Também chamado de contrato ou assinatura. Neste, fica estabelecido que a assinatura do cliente implica a aceitação dos termos apresentados e converte a proposta de serviços em um contrato de prestação de serviços.

É indispensável que seu cliente assine, aprovando a proposta, ou pelo menos envie um e-mail em resposta ao seu dizendo claramente que a proposta tal está aprovada. Em algumas empresas, o funcionário não está autorizado a assinar contratos, então uma aprovação formal por e-mail também serve.

Cuidado: Aprovação verbal não vale!

Caso o cliente se recuse a assinar, a enviar um e-mail com a aprovação ou esteja sempre se esquivando, tome cuidado! Há um enorme risco de você não receber o pagamento no final.

Em todas as situações em que o cliente se esquivou de aprovar formalmente uma proposta, eu tive algum tipo de problema com a cobrança ou com a finalização ou com o que estava ou não incluído. A meu ver, essa atitude já demonstra que o cliente está mal-intencionado.

O mesmo vale para aprovação de custos de produção, nada de aprovação verbal.

Recentemente, em meio à correria de produção de materiais para um evento de final de ano, uma gerente de marketing que trabalha em um cliente antigo aprovou por telefone a produção de cinquenta placas de homenagem. Uma semana depois, mudou de ideia. Argumentei que o fornecedor já havia comprado o material (chapa e estojos) e cortado as placas, mas ela respondeu não ter aprovado custo algum por escrito e confirmou não querer mais a encomenda. Quando o fornecedor propôs cobrar só o material, para não ter prejuízo, a gerente disse que ele podia guardar para usar depois, pois placa não é comida, logo não estraga.

Por sorte, o fornecedor, que era antigo, conseguiu cancelar a encomenda dos estojos e assumiu o prejuízo com as placas, dizendo que realmente poderia reutilizá-las com pouco desperdício. Fiquei aliviado por não ter de arcar com essa despesa.

Exemplo de proposta completa:

Rio de Janeiro, 15 de março de 2019
Proposta número 001/2019
Construtora X S.A.
a/c sr. Fulano de Tal
Gerente de projetos

1 – APRESENTAÇÃO

Apresentamos esta proposta para a execução de serviços de design relacionados com a sinalização do empreendimento xyz.

O empreendimento xyz é um condomínio composto de dois edifícios residenciais de 15 pavimentos cada e três andares de garagem e áreas comuns.

O projeto abrange o estudo das plantas baixas para definição da circulação de visitantes, a criação do layout de placas de identificação, normatização, direcionamento e de emergência, de acordo com listagem fornecida pelo cliente, o detalhamento técnico das placas criadas e a elaboração de um caderno de especificações.

O projeto trata apenas da sinalização interna do empreendimento, não estão incluídos estudos para sinalização de fachada ou outras identificações externas.

Ao término do projeto será entregue o caderno de especificações, com instruções referentes a sinalização, layouts, artes-finais em CD e detalhamentos técnicos. Será entregue também um modelo de pedido de orçamento de produção do projeto.

2 – CUSTO

2.1 – Projeto básico de sinalização – levantamento de dados e layout dos itens – R$ 7 mil.

2.2 – Projeto executivo – detalhamentos técnicos, artes-finais e instruções de fixação das placas – R$ 5.415,00.

2.3 – Produção – cotação de três empresas de produção de placas. A que apresentar melhores custos será a escolhida. O custo de produção será pago diretamente pelo cliente, podendo haver acompanhamento de produção cobrado por um percentual do custo de produção:

R$ 10% do preço de produção (item opcional).

Total: R$ 12.415,00 (doze mil, quatrocentos e quinze reais)

+ acompanhamento de produção, se contratado.

Pagamento em três etapas: sinal de 30%, 70% restantes em 28 dias da entrega de cada etapa (proj. básico/proj. executivo).

Impostos incluídos

3 – CRONOGRAMA

3.1 – Projeto básico

3.1.1 – Levantamento de dados: 5 dias úteis

3.1.2 – Apresentação dos primeiros layouts: 10 dias úteis do levantamento de dados

3.1.3 – Apresentação de layouts de todos os elementos de sinalização: 10 dias úteis da aprovação dos primeiros layouts

3.2 – Projeto executivo

3.2.1 – Detalhamento técnico: 10 dias úteis da aprovação de todos os layouts

3.2.2 – Artes-finais de todas as placas e instruções para fixação: 5 dias úteis da entrega do detalhamento

4 – CONDIÇÕES GERAIS

a) Não estão incluídos os custos referentes à produção de conteúdo (textos, imagens); esses elementos devem ser fornecidos pelo cliente em mídias digitais, já editados, ou terão seu custo orçado à parte, caso necessário.

b) Em caso de atraso no pagamento, incidirão sobre o valor devido 4% de juros, calculados ao mês, proporcionalmente aos dias decorridos.

c) Caso o projeto seja interrompido antes de sua conclusão, será cobrado o percentual do valor correspondente ao estágio de desenvolvimento (primeiro layout = 30%, desenvolvimento = 50%, layout aprovado não finalizado = 80%).

d) Validade desta proposta: 60 dias.

5 – CONTRATO

A assinatura desta proposta pelo cliente caracteriza a aceitação dos termos propostos e converte este documento em um contrato de prestação de serviços

---

Fulano de Tal
Construtora X S.A.

Você
Você Ltda.

3.2 Apresentação da proposta

O orçamento pode ter sido solicitado por telefone, por e-mail ou pode ser destinado a uma concorrência. Em cada caso, é importante apresentar a proposta de serviços, ainda que seja como formalidade para um cliente antigo.

Para o cliente antigo, envie a proposta pela internet como arquivo pdf. Ainda que a proposta seja mais sintética e direta, você deve sempre dizer que aguarda sua aprovação para iniciar o projeto.

Quando essa proposta é apresentada a um cliente novo ou quando envolve valores maiores, você precisa estar preparado para receber uma contraproposta que questionará termos, e isso dará início então a uma etapa de negociação.

Nessas situações, é preferível apresentar pessoalmente as propostas. Cara a cara, você vai falar de todos os itens e avaliar a reação do cliente a cada momento. Também consegue verificar se o que você imaginou ser a abrangência está correto e se o cronograma proposto atende às necessidades do cliente.

Sempre que apresentar pessoalmente uma proposta, leve duas vias para deixar uma com o cliente e trazer a outra assinada se for aprovada. Procure entregá-la com algum cuidado extra que valorize a apresentação, como uma pasta ou um envelope de qualidade, impressa em papel timbrado e seu cartão de visitas. Se Você Ltda. não tiver papel timbrado impresso em gráfica, imprima-o diretamente em sua impressora.

O cuidado com a apresentação visual é uma espécie de "embalagem" para seu preço. Ela agrega percepção de valor ao seu trabalho.

Contraproposta

Em uma reunião, é possível que surja uma contraproposta na hora; nessa ocasião, você não terá tempo nem tranquilidade necessários para pensar. Você deve ir bem preparado para essas situações a fim de negociar seus termos. No próximo capítulo, descreveremos algumas negociações frequentes. Elas quase sempre envolvem redução de preços, dilatação de prazos de pagamento, redução de prazos de execução ou inclusão de itens.

Você não precisa aceitar os termos de uma contraproposta, pode negociar um acordo intermediário ou simplesmente pedir mais tempo para pensar. É importante não tomar decisões precipitadas para não comprometer seu tempo e sua capacidade de produção em condições prejudiciais à Você Ltda. Não é muito bom, no entanto, demorar a responder, pois o cliente pode pensar que você não está interessado e buscar uma alternativa.

Caso a negociação seja bem-sucedida e novos termos sejam acordados, faça as alterações à mão e rubrique as duas propostas para garantir a aprovação do cliente.

Dica 8: Estudo de negociação

Faça um curso de negociação, se puder, ainda que seja um curso rápido.

Há disciplinas de negociação em diversos cursos de pós-graduação, e muitas vezes elas são abertas como cursos de extensão.

Fiz uma desse tipo em meu MBA de marketing, no Ibmec, e foi uma das matérias mais úteis que já cursei, útil no dia a dia com clientes, fornecedores, funcionários e mesmo com a família, vizinhos e amigos.

Há alguns pontos-chave para o processo de negociação, aspectos que parecem mais complexos do que são e aspectos que parecem mais simples do que são.

Algumas dicas de negociação

1. **Forças do ambiente**

   Parece assunto de Star Wars, mas não é. Se a reunião for em seu escritório, você leva alguma vantagem; se for no escritório do cliente, a vantagem é dele. Nesse último caso, é bom ir acompanhado; duas pessoas trazem mais segurança à apresentação (antes, é preciso deixar claro quem dos dois tem poder de decisão e de alinhar argumentos e posições).

2. **Defina o mínimo aceitável, o seu objetivo e o que será proposto, sobretudo com relação a valores, mas também com relação a prazos, área de atuação etc.**

   Isso quer dizer que você deve apresentar condições inicialmente mais favoráveis a você, um prazo maior para fazer, o prazo de pagamento curto, o preço um pouco maior. Se o cliente aprovar, melhor. Se quiser negociar, você sabe quais são as suas condições ideais e precisa saber também quais são seus mínimos aceitáveis (o valor mínimo a cobrar sem ter prejuízo, o prazo mínimo de execução sem prejudicar outros projetos em andamento etc.). Se a negociação conduzir a condições inferiores ao mínimo, recuse.

3. **Não se prenda a posições e ajude seu interlocutor a libertar-se das posições dele.**

Uma posição marcada é um entrave em qualquer negociação. Negociar não é convencer outra pessoa a aceitar seus pontos de vista ou a aprovar algo com que não concorda, isso não dá certo.

É preciso encontrar o caminho do meio, uma solução que atenda às expectativas dos dois e seja boa para ambos.

Por exemplo, se consta em sua proposta que o pagamento precisa ser realizado em 28 dias e o cliente diz que a empresa em que trabalha só efetua pagamentos em 60 dias. Você insiste, e o cliente mantém-se irredutível. O que fazer se nenhum dos dois ceder? Desistir do trabalho? Não. Você pode: propor a ele um acréscimo financeiro no valor para pagamento em 60 dias, negociar um prazo maior de execução ou negociar o pagamento para 60 dias do início, e não do fim do projeto; há diversas saídas.

4. **Os dois precisam ganhar.**

Se você fez mais concessões em um item, mesmo que dentro da sua margem prevista para negociação, use isso como moeda de troca.

Se reduziu o preço, proponha um prazo de pagamento menor ou a redução na quantidade de itens a desenvolver; se reduziu o prazo de entrega, proponha um preço maior ou um sinal; se incluiu mais itens pelo mesmo preço, negocie um prazo maior de execução.

3.3 Situações de negociação mais frequentes (definindo o objetivo, o mínimo aceitável, identificando "roubadas", minimizando o risco)

Seu cliente pode negociar quaisquer aspectos envolvidos no trabalho: os itens que serão criados, o prazo de execução, o preço, a forma e o prazo de pagamento, o modo de apresentação...

Quando apresentar uma proposta, você precisa estar seguro do que ela inclui, e isso deve aparecer explicitamente no texto. Você tem de estar seguro também do preço que está propondo, sabendo que ele foi calculado em bases reais e acrescido de percentuais que são importantes para sua manutenção e crescimento. Por fim, deve estar seguro de sua capacidade de conduzir o projeto dentro das condições propostas.

Mencionamos que é preciso saber, além das condições desejadas, quais são as condições-limite para a aceitação do projeto sem prejuízo. Essas condições são o mínimo aceitável para que Você Ltda. possa aceitar o projeto sem prejuízo.

O objetivo deve estar em algum ponto entre esse mínimo aceitável e as condições propostas, sobretudo em um projeto de maior complexidade, que significa prazos e valores maiores. O ideal é que o valor proposto esteja sempre um pouco além do objetivo, constituindo sua margem de negociação – se não for necessário negociar, você terá a margem de reserva de tempo ampliada e riscos menores.

Algumas situações de negociação mais frequentes

PARCELAMENTO

Há vantagens e desvantagens no parcelamento. O ideal é negociar poucas parcelas, com a primeira paga como sinal, no início do projeto. A última não deve exceder muito o final previsto para o projeto (recomendo parcelar em no máximo dois meses além do tempo de projeto, ou seja, para um projeto de quatro meses de duração, parcelar em no máximo seis vezes: sinal + 5).

Vantagens:

- possibilita emitir RPAs em meses diferentes, o que aumenta as chances de reduzir a retenção de imposto na fonte;

- possibilita a parcela zero, chamada sinal, que é um adiantamento no início do projeto. O sinal reduz seu risco, já que uma parte do projeto está paga, e gera comprometimento do cliente, afinal ele já pagou por algo e vai cobrar resultados.

Desvantagens:

- muitas parcelas estendem os pagamentos além do projeto; de um certo ponto em diante, o projeto terá terminado e o cliente ainda terá parcelas a pagar; o risco de Você Ltda. não receber as últimas parcelas é grande nesse caso;

- muitas parcelas diluem os recebimento; você precisará arcar com os custos de execução e receberá o lucro nas parcelas finais, que são as mais arriscadas;

- caso haja mudança significativa no mercado financeiro, você correrá riscos se houver muitas parcelas (inflação, novas regras tributárias, crise, falência do cliente etc.).

PRAZO MAIOR PARA PAGAMENTO

Caso o cliente proponha prazo maior para pagamento, faça a contraproposta de novo preço. Aplique ao preço juros proporcionais aos dias excedentes (tome por base a taxa de juros do cheque especial da Você Ltda.). Para um prazo proposto de 30 dias, que passará a ser de 60 dias, aplique um mês de juros, 7% por exemplo. Para um prazo de 45 dias, aplique 15/30 dos juros. Veja no capítulo 4 a planilha para cálculo de juros.

Se o cliente não aceitar e você precisar manter o preço, aplique a mesma taxa de juros ao seu valor mínimo aceitável. Se o preço proposto ainda for superior ao mínimo aceitável corrigido, vale a pena.

VALOR PROPOSTO PELO CLIENTE

Qual freela nunca passou por essa situação? O cliente fala do projeto, e no fim diz: "Tenho R$ 1 mil para fazer, você topa?"

Em primeiro lugar, você nunca deve topar assim, imediatamente. Precisa haver uma proposta assinada e você precisa avaliar se o valor proposto cobre seus custos, se vai gerar lucro etc.

Diga que precisa calcular o custo do projeto para viabilizá-lo e ganhe tempo para pensar. Mas não demore, para não correr o risco de perder a oportunidade.

Calcule seu orçamento normalmente, como para qualquer projeto. Se o valor proposto for superior, aceite.

Se o valor ficou um pouco abaixo, reduza sua margem de lucro desejada ou sua margem de reserva de tempo à medida que o projeto for interessante ou possa trazer ganhos não financeiros a você (visibilidade, clientes etc.).

Caso o valor proposto seja ainda inferior ao seu mínimo aceitável, procure reduzir os itens do projeto em negociação com seu cliente.

Essa avaliação deve ir somente até o mínimo aceitável, não se arrisque a pagar para trabalhar ou o projeto vira investimento. Você não é sócio de seu cliente.

PAGAMENTOS EM ATRASO

Caso seu cliente tenha histórico de pagamentos em atraso em projetos anteriores, ou você queira se precaver disso, acrescente uma cláusula à proposta para esclarecer que pagamentos em atraso incorrerão em multa e juros. Isso servirá para compensar eventuais encargos financeiros do cheque especial da conta bancária da Você Ltda. Sem essa cláusula, legalmente você não poderá pleitear juros.

Se o cliente solicitar um novo prazo para pagamento ao final do projeto, proponha o parcelamento desse pagamento para zero + 30 dias, incluindo os juros na segunda parcela, ou proponha a nova data, incluindo os juros. Se o cliente pedir alguns dias a mais para pagar, retire os juros em cortesia, isso será muito bem visto e aumentará sua chance de receber.

Para calcular juros em prazos diferentes de um mês, faça um cálculo proporcional. Para um novo prazo de 20 dias, por exemplo, aplique 20/30 dos juros mensais. O capítulo 4 tem uma planilha para o cálculo de juros.

QUANDO O CLIENTE NÃO É O CLIENTE FINAL

Cuidado: Esta é uma situação muito perigosa!

Muitas vezes um freelancer faz trabalhos para outro escritório ou para uma agência, e não tem contato com o cliente final. Combine atentamente alguns itens como:

- Que percentual você receberá se o cliente não aprovar o projeto (o ideal é propor valores proporcionais aos estágios de desenvolvimento do projeto).

- Caso mude o briefing do projeto depois do primeiro layout, haverá acréscimo? (O ideal é que haja.)

- Sua proposta inclui quantas alterações de layout?

- O seu pagamento é vinculado ao recebimento do cliente? (O ideal é não ser; se for, você deve cobrar um pouco mais pelo risco de demorar a receber.)

- Caso o cliente não pague em até X dias, a empresa se compromete a pagar o combinado pelo seu trabalho?

Dica: Faça uma proposta por escrito e exija a aprovação. Combinações "de boca" para terceiros são muito arriscadas.

PARTICIPAÇÃO NAS VENDAS

Dependendo do projeto, talvez seu cliente proponha uma "parceria" para viabilizar a criação. Isso é mais frequente em projetos de produto, mas também se dá em estamparia, embalagens etc.

Você precisa avaliar a chance de vendas do produto. Se perceber, logo de cara, que o projeto é um equívoco, não aceite. Caso acredite no sucesso e nos planos de seu cliente, você pode avaliar o risco e as chances de lucro da parceria, desde que tenha tempo disponível para investir. É um investimento à medida que seu ganho será de risco e estará distribuído por um período muito maior que as despesas para executar o trabalho.

Dicas para avaliar se vale a pena:

1 – Aplique ao valor devido os juros bancários por todo o tempo da proposta (mesmo que você vá recebendo antes, pois está dividindo o risco).

Se o cliente propuser pagar a você um determinado percentual das vendas ao longo de um ano, e se ficou devendo R$ 2 mil, aplique 12 meses de juros sobre R$ 2 mil (à taxa de 5%, o valor passa a ser de R$ 3.591,71).

2 – Descubra qual é a previsão de vendas para o período.

No exemplo, digamos que sejam camisetas, e que o cliente tem a expectativa de vender 500 unidades por mês.

3 – Divida o valor com juros pela previsão de vendas para saber quanto receberá por unidade vendida.

Por exemplo, 500 unidades × 12 meses são 6 mil unidades. Se dividir R$ 3.591,71 por essa quantidade, isso resultará em R$ 0,60 por camiseta.

4 – Veja quanto esse valor representa em termos percentuais sobre o preço de venda proposto. Compare com o percentual proposto pelo cliente. Considere se você acha o preço de venda viável.

Caso o cliente do exemplo planeje vender as camisetas no atacado por R$ 15,00 cada uma, os R$ 0,60 representam 4% deste valor (divida 0,60 por 15,00). Se ele tiver proposto a você um percentual menor, renegocie ou recuse. Procure descobrir qual é o preço de venda dos concorrentes no mercado do seu cliente para saber se o valor imaginado por ele é real.

5 – Caso você não tenha informações sobre o cliente, verifique se existem títulos protestados, há quanto tempo está no mercado, e obtenha o máximo de informações que puder para reduzir seu risco.

DESCONTO POR VOLUME

Em projetos grandes, ou para clientes frequentes, é comum negociar um desconto por volume.

Esse desconto faz sentido, afinal as etapas iniciais de desenvolvimento (pesquisa, *brainstorm*) são otimizadas quando fazemos diversos itens similares. Você terá noção do valor justo desse desconto se orçar os itens em separado e, depois, orçá-los como um conjunto de peças desenvolvido ao mesmo tempo. Digamos que você consiga uma redução de 30% no custo de fazer; se isso ocorrer, pode repassar parte dessa redução aos seus preços e, ainda assim, estará lucrando mais.

Quando apresentar a proposta ao cliente, mostre o custo item por item. Totalize. Diga o percentual de desconto por volume e o total com desconto.

É importante mencionar esse desconto, uma vez que ele fideliza o cliente, é uma vantagem que você oferece. Se você não deixar explícito o desconto, ele perde o sentido.

ESCAMBO (troca de serviços seus por serviços ou produtos de um cliente)

Aplicação:

1 – Quando você tem tempo ocioso e precisa de um serviço ou produto e o fornecedor desse item precisa de serviços de design.

2 – Calcule o orçamento do custo de produção, sem impostos (afinal o cliente não vai pagar em dinheiro), com margens e lucro zerados. Deixe apenas a reserva de tempo.

3 – Peça que o fornecedor envie o orçamento dos serviços ou produtos dele que serão trocados, como se você fosse pagar. Compare com o seu orçamento; se o seu valor for igual ou menor ao dele, é bom negócio.

O escambo só deve ser feito se você não prejudicar outros projetos pelos quais está recebendo em dinheiro e se você realmente precisar do item trocado.

ITENS EXTRAS A FAZER

É bem comum ao longo do desenvolvimento de um projeto surgirem itens "extras", que não estavam incluídos na proposta original.

Você deve fazê-los, mas é importante que mais trabalho signifique mais remuneração.

Sempre que surgir algo que não estava nos planos, alerte seu cliente. Estabeleça uma relação direta, sem subentendidos, posicione-se claramente ou seu cliente poderá enxergar isso como um meio de obter vantagens extras.

Faça orçamentos complementares à medida que os itens surgirem ou faça um orçamento complementar no final, conforme negociar com o cliente.

"MANUTENÇÃO" DO PROJETO

Um cliente pode pedir acertos e ajustes constantes depois de o projeto ter terminado. Se isso está previsto em sua proposta original, perfeito. Se não está, você deve negociar uma nova proposta de manutenção.

Certa vez, uma aluna criou a programação visual de uma peça de teatro. Um ano depois continuava envolvida com a peça, adaptando os formatos dos cartazes para os diferentes teatros onde a peça era encenada, sem receber nada por isso. Quando finalmente ela propôs ao cliente cobrar pelas adaptações, ele se recusou a pagar, disse que a própria gráfica faria. Trabalhou de graça por um ano e criou uma relação ruim com o cliente.

Se o cliente não tem verba para as adaptações, negociem outros projetos que façam valer a pena, ou mesmo paguem, a manutenção.

PROJETO DE RISCO

Caso alguém responda assim a uma proposta sua:

– Estou buscando patrocínio para o projeto. O material que você criar será decisivo para nosso sucesso. Se conseguirmos, posso pagar até mais que esse orçamento; se não conseguirmos, infelizmente não temos como pagar. Topa o risco?

Antes de aceitar ou recusar, avalie se o cliente é potencialmente bom para relações comerciais futuras, se você tem tempo disponível e se não vai prejudicar trabalhos contratados e pagos, ou se o projeto em questão trará outros benefícios além da remuneração (uma nova área de trabalho desejada, ganho substancial para o portfólio etc.).

Caso Borboletas

Uma ocasião fui indicado (muitas vezes não sabemos por quem, se amigo ou desafeto) para um projeto nada convencional.

O cliente tinha montado uma manufatura de borboletas. As asas eram impressas em serigrafia sobre acetato e o corpo era moldado em durepoxi. Havia seis modelos, de diferentes tamanhos e cores, e, de modo geral, grandes demais, coloridas demais e bem cafonas.

Pensei imediatamente nos suvenires de rodoviária: as borboletas eram ímãs para geladeira.

O cliente tinha desenvolvido uma embalagem transparente para pendurar e precisava desenvolver o projeto do display.

O briefing foi sem pé nem cabeça. A meta era vender as borboletas em lojas de acessórios classe A, em lojas free shop de aeroportos e exportar. Contudo, ainda não havia estrutura comercial nem as lojas tinham sido consultadas. O desenvolvimento estava todo sendo conduzido pelo *feeling* dos empresários.

Para reduzir o risco, montei uma proposta em etapas: esboços conceituais, layouts, artes-finais e detalhamento técnico. O valor total foi aumentado em 50% em relação ao que eu teria cobrado normalmente.

O cliente concordou sem pestanejar, porém pediu que o pagamento fosse parcelado. Dividi os pagamentos então em cinco parcelas iguais, atreladas às etapas: a primeira de sinal, a segunda na entrega dos esboços, a terceira na entrega dos layouts, assim por diante.

Recebi o sinal, fiz os esboços, recebi a segunda parcela, fiz os layouts, o cliente desapareceu. Desapareceu mesmo, não atendia mais aos telefonemas, a casa que ocupavam estava vazia quando ainda tentei receber, um mês depois. Pesquisei e descobri que o CNPJ da empresa era irregular.

Imagino que precisavam ter os layouts dos displays para tentarem fazer a pré-venda das borboletas (ou apresentação ou algo parecido) e não devem ter sido bem-sucedidos. Devem ter deixado muitos pagamentos pendentes antes de desaparecerem. Eu não tive lucro nem prejuízo, considero ter desenvolvido 70% do projeto, e recebi cerca de 60% (já que tinha cobrado mais que o normal, os 40% pagos eram equivalentes a 60% do preço normal), e esse percentual pagou o custo de meu desenvolvimento.

A reunião de apresentação a um novo cliente é um momento muito importante para o cliente e para você. Enquanto ele avalia sua capacidade, sua postura, sua linguagem, sua aparência etc., você deve objetivamente conduzir avaliações também, essa observação pode salvá-lo de muitas roubadas.

O mais estranho pagamento

Uma vez eu passava em frente ao edifício Avenida Central, no Centro do Rio, e sobre o barulho dos ônibus, gritos de camelôs e buzinas ouvi meu nome. Olhei em torno, ninguém conhecido. A voz tornou a chamar, veio de um grupo de Hare Krishnas que estavam vendendo incensos e livros ali.

Reconheci um amigo de infância, alguém completamente pirado, agora transformado. Contou que dava cursos de bonsai e vendia incensos, vivia disso mas em alguns meses seria transferido para um templo na França, onde trabalharia na cozinha.

Falei do meu escritório, ele ficou entusiasmado e disse:

– Todo mundo precisa de design! Você não faria um folder dos meus cursos de bonsai?

Divertido, disse que eu faria, sim, queria ajudá-lo, era rápido de fazer. Ele então remexeu a bolsa de lona e tirou dali um disquete.

– Aqui tem textos sobre os cursos e fotos dos meus bonsais. Sempre trago este disquete, tinha certeza de que um dia meu folheto existiria.

Fiz o folheto para ele, que no dia seguinte passou por lá, onde nos encontramos, para buscar o CD com a arte-final. Disse que precisava pagar pelo folheto, mas que os Hare Krishnas não têm dinheiro. Ele fazia questão de me pagar com produtos deles: bananas-passa ou amendoins.

Aceitei os amendoins, meu amigo aí abriu a mochila e despejou uma quantidade absurda de amendoins sobre a mesa. Ok, eu adoro amendoins!

Nos workshops Quanto custa meu design? já houve relatos de pagamentos muito indecentes, clientes que pagaram com pneus, com vale-remédio e até com travesseiros. Só que eram pagamentos por trabalhos profissionais, com as desculpas de sempre: "estamos começando" ou "vale mais pelo projeto em seu portfólio"... Tenham em mente que cliente é cliente, não sócio. Atividade profissional precisa ser remunerada, a menos que seja por amizade ou por caridade, mas, ainda assim, na medida certa. FIM

Manual do freela

A hora da verdade

Capítulo 4

Algumas noções de finanças

Fluxo de caixa
Valor do dinheiro
Avaliação financeira
Parcelamento

Algumas noções de finanças

Neste capítulo do Manual são apresentadas algumas noções complementares de finanças, úteis na gestão das finanças da Você Ltda. e nas suas finanças pessoais também.

Recomendamos o estudo complementar de matemática financeira básica e de contabilidade, matérias que regem os conceitos aqui apresentados.

O faturamento, as despesas, as receitas, quaisquer índices financeiros e contábeis são medidos e analisados em unidades de tempo: dias, meses ou anos. O planejamento financeiro serve para comparar e analisar esses dados, mesmo em unidades de tempo diferentes, e para orientar ações futuras.

Como aplicar juros ao meu preço para manter a lucratividade? Como avaliar qual opção financeira é mais vantajosa? É melhor aplicar o lucro no banco ou investir em equipamentos novos? Como planejar minhas finanças para realizar algo daqui a um ano?

Como saber se terei dinheiro para pagar aquela conta daqui a 45 dias?

Essas e outras questões surgem diariamente, e é preciso saber lidar com o dinheiro de modo responsável, quer ele seja escasso, quer seja abundante. Isso ocorre sobretudo quando ele ainda não existir, enquanto ainda for expectativa de recebimento.

As empresas, assim como Você Ltda., não contam com uma fonte inesgotável de recursos, normalmente dependem de receita para arcar com as despesas. O capital de que dispõem para pagar as contas antes do recebimento é o capital de giro.

O capital de giro da Você Ltda. é uma segurança para você trabalhar e pagar os custos de desenvolvimento enquanto não receber pelos projetos. Ele não é um capital para investir, é um capital de circulação, como diz o nome, que retorna com o pagamento do cliente.

Em princípio, se Você Ltda. tiver um capital de giro equivalente a um mês de despesas, consegue trabalhar com tranquilidade caso receba pagamentos por seus serviços no fim do mês. Se seus projetos como freelancer são prestados para diferentes clientes, dificilmente estarão atrelados a pagamentos mensais, como salários. É possível que um projeto inicie na metade de um mês e dure dois meses, em paralelo outro inicia no fim do mês e termina em uma semana, e dessa maneira vão se misturando e intercalando. Acredito que o ideal é contar com pelo menos dois meses de despesas fixas como capital de giro.

4.1 Fluxo de caixa (O que é? Para que serve? Planejamento do mês)

O fluxo de caixa é uma representação visual dos pagamentos e recebimentos de um período. Ele pode ser uma tabela ou um gráfico, e pode representar os eventos passados e/ou os futuros.

Um fluxo de caixa exclusivamente de eventos futuros é uma previsão de fluxo de caixa, muito útil para o seu planejamento.

Como ferramenta de planejamento, prepare planilhas mensais com uma linha para cada dia; em cada linha, um campo para débito e outro para crédito.

Ali devem ser lançados todos os seus custos fixos nos dias em que costumam ser cobradas as contas (aluguel, telefone, celular, condomínio, luz etc.). Assim, você saberá visualmente quanto dinheiro precisará ter em cada ocasião. Ao lançar os recebimentos previstos e as despesas extras, você conseguirá visualizar dia a dia como estarão os recursos financeiros da empresa.

Algumas noções de finanças

O fluxo de caixa planejado serve, por exemplo, para ver que daqui a vinte dias vencerá uma conta alta para a qual não haverá dinheiro suficiente. Como é daqui a quase um mês, ainda dá tempo de fazer ações que possam reverter esse débito, como enviar um orçamento com parcela de sinal, cobrar por um trabalho concluído, negociar um desconto com um cliente para pagamento em prazo menor etc.

Planejar o fluxo de caixa é bom para você e para Você Ltda. Para você, pessoa física, talvez seja um bom método para fazer o dinheiro durar até o final do mês. É essencial planejar investimentos para controlar as despesas, para evitar usar o cheque especial, para decidir sobre comprar algo à vista ou a prazo.

Exemplo de fluxo de caixa planejado:

Dia	Saldo inicial	Débito	Crédito	Saldo final
1	R$ 1.520,00	R$ 300,00	R$ 0,00	R$ 1.220,00
2	R$ 1.220,00	-	-	R$ 1.220,00
3	R$ 1.220,00	R$ 1.000,00	-	R$ 220,00
4	R$ 220,00	-	-	R$ 220,00
5	R$ 220,00	-	-	R$ 220,00

Crie uma planilha de fluxo de caixa planejado no Excel; para isso, use fórmulas simples.

Faça o seguinte:

- escreva no topo saldo inicial, débito, crédito, saldo final;
- ao lado, numere de 1 a 31 (os dias do mês);
- no saldo inicial, escreva com quanto dinheiro você iniciou o mês;
- lembre-se de formatar as células para dinheiro;
- anote os débitos e os créditos previstos.

No campo Saldo final, use a fórmula:

= saldo inicial - débitos + crédito

No campo Saldo inicial, correspondente ao dia 2, clique, escreva "=" e clique sobre o saldo final do dia 1. Desse modo, você copia a célula, interligando-a. Se o valor dos débitos ou créditos do dia 1 mudar, o total mudará automaticamente, bem como o saldo inicial do dia 2. Veja o exemplo:

Dia	Saldo inicial	Débito	Crédito	Saldo final
1	R$ 2.000,00	(R$ 300,00)	R$ 0,00	R$ 1.700,00
2	R$ 1.700,00	-	-	R$ 1.700,00
3	R$ 1.700,00	(R$ 1.000,00)	-	R$ 700,00
4	R$ 700,00	-	-	R$ 700,00
5	R$ 700,00	-	-	R$ 700,00
6	R$ 700,00	-	-	R$ 700,00
7	R$ 700,00	-	R$ 100,00	R$ 800,00
8	R$ 800,00	-	R$ 250,00	R$ 1.050,00
9	R$ 1.050,00	-	-	R$ 1.050,00
10	R$ 1.050,00	(R$ 250,00)	-	R$ 800,00
11	R$ 800,00	-	-	R$ 800,00
12	R$ 800,00	-	-	R$ 800,00
13	R$ 800,00	-	R$ 200,00	R$ 1.000,00
14	R$ 1.000,00	-	-	R$ 1.000,00
15	R$ 1.000,00	-	-	R$ 1.000,00
16	R$ 1.000,00	(R$ 200,00)		R$ 800,00
17	R$ 800,00	(R$ 600,00)	R$ 300,00	R$ 500,00
18	R$ 500,00	(R$ 500,00)	-	R$ 0,00
19	R$ 0,00	-	-	R$ 0,00
20	R$ 0,00	(R$ 280,00)	R$ 100,00	(R$ 180,00)
21	(R$ 180,00)	(R$ 250,00)	R$ 1.000,00	R$ 570,00
22	R$ 570,00	-	-	R$ 570,00
23	R$ 570,00	-	R$ 100,00	R$ 670,00
24	R$ 670,00	-	-	R$ 670,00
25	R$ 670,00	-	-	R$ 670,00
26	R$ 670,00	-	-	R$ 670,00
27	R$ 670,00	-	-	R$ 670,00
28	R$ 670,00	-	-	R$ 670,00
29	R$ 670,00	(R$ 250,00)	R$ 250,00	R$ 670,00
30	R$ 670,00	-	R$ 50,00	R$ 720,00
31	R$ 670,00	(R$ 250,00)	R$ 2.000,00	R$ 2.420,00

4.2 O valor do dinheiro no tempo

Princípio básico:

Dinheiro deve ser comparado a dinheiro em um mesmo tempo. Não se deve comparar R$ 100 de hoje com R$ 100 daqui a três anos, pois o valor de compra é diferente.

Precisamos projetar os R$ 100 de hoje no futuro, para saber quanto valeriam, ou trazer para o presente o valor dos R$ 100 do futuro.

Para entender melhor esse conceito, que é a chave para a análise de investimentos, imagine o que você pode comprar com R$ 100 hoje. Para exemplificar, pense que você consegue comprar 200 chicletes a R$ 0,50 cada ou 20 latinhas de refrigerante a R$ 5,00 cada.

Caso os R$ 100 sejam guardados em um cofre por um ano, daqui a um ano talvez comprem apenas 167 chicletes a R$ 0,60 cada ou 16 refrigerantes a R$ 6,00 cada.

Por outro lado, se você daqui a um ano quisesse comprar os mesmos 200 chicletes ou 20 latinhas, precisaria gastar R$ 120. Em relação ao dinheiro guardado no cofre, faltaram R$ 20.

Se, em vez de guardar no cofre, você aplicasse em um investimento que rendesse ao mês 1,6%, no fim de um ano teria os R$ 120. Ou gastasse os R$ 100 em outro item urgente, e guardasse R$ 10 por mês, ao término de um ano teria os mesmos R$ 120.

Compare o dinheiro em unidades iguais, em tempos iguais. Ou seja, real com real, dólar com dólar, hoje ou no futuro.

O dinheiro calculado no valor de hoje é chamado valor presente. O valor presente do dinheiro que está na sua conta bancária é o que aparece no extrato mesmo. O valor presente do que você vai receber por um projeto daqui a seis meses não é o que você vai receber daqui a seis meses. Ele precisa ser descontado, precisa ser trazido ao presente por meio do desconto da inflação ou de outro índice mais adequado (a taxa do banco, em caso de comparação de financiamentos).

Se você planeja comprar um computador, por exemplo, em 24 parcelas de R$ 100, não significa que ele vai custar R$ 2.400. Trazendo as parcelas ao valor presente, considerando juros de 2%, ele custa R$ 1.891,39. Se você planeja comprá-lo à vista por R$ 1.800 em dinheiro, vale a pena. Dificilmente você conseguiria um investimento superior a 2% ao mês.

A fórmula do Excel para cálculo do valor presente de uma série de pagamentos é

=VP(taxa%;tempo;-valor da parcela;0;0)

Em taxa, digite o número correspondente à taxa mensal, seguido do percentual. Em tempo, a quantidade de meses.

Situação: pagar em 12 parcelas iguais com juros de 3% ou 18 parcelas com juros de 1,5%?					
Valor presente	Juros Taxa a.m.	Quant. de parcelas	Valor da parcela	Total a pagar	Valor presente descontado
R$ 4.000,00	3	12	R$ 401,85	R$ 4.822,18	R$ 4.522,83
R$ 4.000,00	1,5	18	R$ 267,98	R$ 4.823,72	R$ 4.394,48

Fórmula para cálculo das parcelas: PMT(taxa/100;tempo;-valor presente;0;1 para pag. no início ou 0 para pag. no final)

Fórmula para valor presente: VP(taxa/100;tempo;-valor da parcela;0;1 para pag. no início ou 0 para pag. no final)

No valor presente, foi aplicado o desconto de 1%, considerando a remuneração de investimento

O dinheiro calculado com seu valor projetado para daqui a algum tempo é chamado de valor futuro. Para fazer a projeção de um valor no futuro, o valor presente deve ser acrescido de um percentual que corresponda ao que você teria como remuneração em um investimento ou que precisasse pagar ao banco como juros.

A fórmula do Excel para cálculo do valor futuro é

=VF(taxa%;tempo;;-valor presente)

Em taxa, digite o número correspondente à taxa mensal, seguido do percentual. Em tempo, a quantidade de meses.

Cálculo de valor futuro			
Situação: quanto valerá esse dinheiro daqui a um ano?			
Valor presente	Juros Taxa a.m.	Tempo em meses	Valor com juros
R$ 1.000,00	2	12	R$ 1.268,24
Fórmula para juros: VF(taxa/100;tempo;;-valor presente)			

A mesma fórmula é usada para calcular os juros, caso você queira calcular quanto cobrar de acréscimo se um cliente negociar pagar em sessenta dias em vez de trinta.

Diversos valores podem ser descontados ou acrescidos de taxas para serem comparados em um mesmo momento.

4.3 Algumas avaliações financeiras (Comprar à vista ou parcelado? Comparando taxas de juros e prazos de financiamento diferentes)

Muitas vezes você precisará tomar decisões financeiras que terão impacto no fluxo de caixa futuro da Você Ltda. Decisões sobre financiamentos significam, entre outras coisas, fazer ou não um empréstimo, decidir priorizar prazo menor ou parcela menor, comprar um equipamento mais simples e substituir com maior frequência ou comprar o melhor disponível e usar por mais tempo...

Comprar à vista ou parcelado?

Quando estamos montando um negócio, essa é uma questão bastante importante caso o dinheiro não esteja sobrando.

Segundo os livros de planejamento financeiro, é melhor comprar à vista. Se o equipamento, veículo ou imóvel que você quer comprar não é necessário no momento, se tiver como planejar, compre à vista.

O investimento planejado faz com que você separe uma verba mensal de aquisição, que deve estar provisionada em seus custos fixos. Por exemplo, se planejar trocar o computador daqui a um ano, divida o preço do computador em 12 e a cada mês reserve o dinheiro para comprá-lo à vista. A compra à vista ainda propicia obter descontos e ter capital disponível para aproveitar alguma promoção.

Por outro lado, se a compra não tiver sido planejada, o pagamento à vista significará utilizar uma parte de suas reservas financeiras. Quando seus recursos são limitados, você precisa estar atento ao mínimo necessário para pagar seus outros compromissos, que é o capital de giro. Evite utilizar mais dinheiro do que dispõe na compra de equipamentos. Muitas vezes, é mais vantajoso fazer um financiamento com taxas baixas do que utilizar o limite do cheque especial a juros altíssimos.

Prazo maior e parcela menor ou prazo menor e parcela maior?

Qualquer decisão de financiamento resultará em um desembolso mensal durante alguns meses. É importante saber que você precisará aumentar seu faturamento para custear esse desembolso.

Caso você tenha regularmente lucro e maior capacidade de pagamento, deve priorizar a parcela maior e o prazo menor. Como os financiamentos são calculados com juros mensais, em parcelas fixas, quanto menor o prazo de financiamento, menores serão os encargos a pagar.

Se não tiver tanta certeza dos excedentes financeiros, priorize a parcela menor, pois ela gera menor comprometimento de sua renda. Mas atenção às taxas de juros: só faça financiamento em prazos longos (24, 36, 48 meses) se a taxa for realmente baixa, pois o impacto cumulativo dos juros é pesado ao longo do tempo. Uma taxa baixa é inferior a 3%. Veículos, por exemplo, têm taxas que oscilam abaixo disso.

Dica 9: Financiamento em bancos

Quando for abrir a conta bancária da Você Ltda., considere o banco em que tem sua conta pessoal. Caso sua conta pessoal seja em um banco particular, abra a conta da Você Ltda. na Caixa Econômica Federal ou no Banco do Brasil. Ou vice-versa.

Isso será importante quando você precisar de um financiamento bancário. Bancos privados costumam aprovar financiamentos rapidamente, com pouquíssimas exigências, mas têm juros mais altos. Bancos ligados ao governo cobram taxas muito baixas, sobretudo para financiar equipamentos e investimentos relacionados à produção, mas as exigências e os prazos de aprovação são maiores. Dependendo da urgência, busque recursos em um ou outro.

Minha empresa fez certa vez um financiamento de computadores pela Caixa em um programa ligado ao BNDES, o Proger, com prazo de pagamento de 48 meses e juros inferiores a 1%. A aprovação levou quase dois meses e a parcela era realmente baixa. Quando o prazo terminou, os computadores estavam um lixo, então fizemos um novo financiamento similar. Por outro lado, quando precisei de recursos extras emergenciais para complementar o pagamento de despesas imprevistas da mudança do escritório, fiz um financiamento em um banco particular. O dinheiro saiu na hora, porém com juros de 4% e prazo de seis meses. Caso eu tivesse optado por um prazo de 18 meses, o máximo permitido, o valor a pagar seria absurdo.

Comparação de financiamentos

Você já sabe que o dinheiro só pode ser comparado quando os valores são trazidos ao presente ou projetados a um mesmo momento no futuro (ver seção 4.2). Para comparar financiamentos de prazos diferentes, é mais fácil trazer os valores ao presente, já que os futuros das duas séries de pagamentos são distintos.

1 – Priorize os juros mais baixos

A primeira coisa a considerar é a taxa de juros. A taxa menor é sempre melhor em termos econômicos, mas nem sempre é a melhor para você; se a opção com taxa menor tiver um prazo de pagamento pequeno, talvez as parcelas não caibam em seu bolso.

O caminho para o saneamento de dívidas passa sempre pela substituição de um financiamento de taxa alta por outro de taxa menor, isso normalmente reduz drasticamente as parcelas e viabiliza o pagamento. Assim, se uma oportunidade imperdível surgir com juros mais altos, o ideal é você agarrá-la para não perder o negócio e depois fazer outro financiamento com juros menores que pague o primeiro.

Se você deve dinheiro em seu cartão de crédito, isso equivale a fazer um financiamento pessoal para quitar o cartão. As taxas dos cartões de crédito são normalmente superiores a 10% ao mês e no crédito pessoal, inferiores a 3% ao mês. R$ 3 mil, por exemplo, se financiados com juros de 10% ao mês em 12 meses significa pagamentos de R$ 440,29, o mesmo parcelamento com juros de 3% ao mês representa parcelas de R$ 301,39.

A substituição de um financiamento por outro às vezes tem resultados quase mágicos (leia o caso laptop, a seguir).

2 – Compare dois financiamentos em valor presente

Muitas vezes os valores-base para dois financiamentos são diferentes.

É possível que um computador, comprado diretamente do fabricante, custe R$ 4 mil e tenha opção de financiamento em 12 meses a juros de 3%. O mesmo computador, anunciado por um revendedor, custa R$ 4.200 à vista e pode ser parcelado em 18 meses a juros de 1,5%.

Algumas noções de finanças

Como saber qual é o mais vantajoso caso você precise comprá-lo parcelado?

Utilize uma calculadora financeira ou uma planilha de cálculo de juros do Excel:

	A	B	C	D	E
40	Cálculo de valor presente descontado				
41	Situação: quitando um financiamento antecipadamente				
42	Valor das parcelas	Juros Taxa a.m.	Tempo em meses	Valor presente descontado	Total a pagar
43	R$ 450,00	4,8	6	R$ 2.298,74	R$ 2.700,00
44	Se multiplicássemos, daria R$ 2.700,00, que não é o valor real hoje Fórmula para valor presente: VP(taxa/100;tempo;-valor da parcela;0;1 para pag. no início ou 0 para pag. no final)				

Na primeira célula, fica o valor do financiamento. Na segunda, a taxa de juros ao mês. Na terceira, a quantidade de parcelas. Na quarta, o cálculo da parcela (no Excel, fórmula PGTO (taxa/100;prazo;-valor presente,0,0).

Digite a fórmula quando você for inserir a taxa, o prazo e o valor, clique nas células correspondentes em vez de digitar os números – na imagem anterior, seria PGTO (B43/100,C43,-A43,0,0). O último zero significa pagamento no fim do mês, isto é, sem sinal. Se a primeira parcela for o sinal, você deve substituir por 1.

No caso de seu Excel ser em inglês, substitua PGTO por PMT.

Na célula E5, multiplique a célula anterior pela célula do prazo (digitando =célulaparcela*célulaprazo). Na imagem anterior, seria =A43*C43.

Na sexta célula, calcule o valor presente descontado, como vimos no capítulo anterior, porém considerando uma taxa de desconto igual para os dois exemplos e simulando um investimento das parcelas em alguma aplicação financeira. No caso exemplificado, utilizamos a taxa de desconto de 1%, que é equivalente a uma boa aplicação.

Se compararmos os dois financiamentos, percebemos que seria mais vantajoso comprar com o distribuidor. Além de termos parcelas menores, o valor presente descontado desse financiamento é menor, o que significa que, apesar de o valor inicial ser mais alto, pagaríamos menos juros.

Se, no mesmo exemplo, a taxa do segundo financiamento fosse de 1,5%, a comparação ficaria assim:

Situação: pagar em 12 parcelas iguais com juros de 3% ou 18 parcelas com juros de 1,5%?					
Valor presente	Juros Taxa a.m.	Quant. de parcelas	Valor da parcela	Total a pagar	Valor presente descontado
R$ 4.000,00	3	12	R$ 401,85	R$ 4.822,18	R$ 4.522,83
R$ 4.200,00	1,5	18	R$ 267,98	R$ 4.823,72	R$ 4.394,48
Fórmula para cálculo das parcelas: PMT(taxa/100;tempo;-valor presente;0;1 para pag. no início ou 0 para pag. no final)					
Fórmula para valor presente: VP(taxa/100;tempo;-valor da parcela;0;1 para pag. no início ou 0 para pag. no final)					
No valor presente, foi aplicado o desconto de 1%, considerando a remuneração de investimento					

Note que, ainda que a taxa de juros seja mais baixa e as parcelas mensais, mais baratas, como o valor inicial era maior, o valor total do financiamento trazido a valor presente ficou maior. Nesse caso, se você pudesse pagar a parcela maior, o financiamento direto com o fabricante seria melhor.

Laptop

Essa foi a primeira vez que realmente utilizei uma planilha de comparação de investimentos, juros e prazos, e este caso ilustra bem os ganhos passíveis de se obter com essa análise.

Em 2006, eu precisava comprar um laptop novo. Depois de avaliar diversas opções, depois de comparar preços e condições de fornecedores, escolhi um modelo Dell, que poderia ser comprado pelo site em seis parcelas sem juros. Na ocasião, custava R$ 2.700.

Eu estava decidido a pagar à vista, já que tinha outro financiamento bancário com parcelas similares, vencendo também em seis meses. As duas parcelas juntas representariam um desembolso mensal muito alto.

Algumas noções de finanças

Então, como um clique, tive a ideia de substituir o financiamento de juros maiores pelo de juros menores. O financiamento na Dell era sem juros, mas o bancário tinha juros de 4,8%.

Fui conversar com o gerente e, tirando os juros para quitar o financiamento, o valor a pagar foi de R$ 2.298 – quitei o financiamento do banco e comprei o laptop em seis vezes sem juros, o que gerou uma economia de R$ 400. É como se o laptop tivesse custado R$ 2.300,00.

	A	B	C	D	E
40	Cálculo de valor presente descontado				
41	Situação: quitando um financiamento antecipadamente				
42	Valor das parcelas	Juros Taxa a.m.	Tempo em meses	Valor presente descontado	Total a pagar
43	R$ 450,00	4,8	6	R$ 2.298,74	R$ 2.700,00
44	Se multiplicássemos, daria R$ 2.700,00, que não é o valor real hoje. Fórmula para valor presente: VP(taxa/100;tempo;-valor da parcela;0;1 para pag. no início ou 0 para pag. no final)				

Calcula-se o valor presente descontado à taxa do financiamento, que dá o valor a pagar, descontados os juros.

Em uma das edições do workshop Quanto custa meu design?, um participante relatou algo similar, em maior escala. Ele vendeu um carro usado, usou o dinheiro para quitar dívidas e para comprar computadores novos, e comprou um carro novo com juros bem baixos. Trocou o carro, quitou as dívidas de cartões de crédito, trocou o computador e, no final, ficou com uma parcela menor do que vinha gastando com juros e encargos bancários. FIM

4.4 Como calcular parcelamento com juros em seus orçamentos

Em algumas negociações, talvez seja necessário oferecer o pagamento parcelado a seus clientes. O ideal é não precisar incluir juros; se o montante não for elevado, ofereça o parcelamento sem juros como vantagem competitiva.

Você deve evitar dividir o pagamento em muitas parcelas, sobretudo se o projeto for de curta duração. O ideal é que a última parcela seja trinta ou sessenta dias depois da conclusão, para reduzir o risco de não recebê-la. Quando precisar incluir juros, escolha um percentual adequado à realidade.

Por exemplo, se o pagamento for dividido em quatro vezes, e você for executar o projeto em dois meses, todo o custo de produção (salários, materiais, aluguel etc.) precisará ser pago nos dois meses em que o projeto estiver sendo executado. Como esse custo costuma representar mais de 50% do seu preço (ver seção 2.7), talvez você precise financiar parte desse custo de produção com o cheque especial até o terceiro pagamento. Nesse caso, se considerarmos que o cheque tem juros de 8% ao mês, você poderia calcular as parcelas com 2% ou 3% de juros e o valor obtido cobriria suas despesas financeiras.

Para calcular parcelas, utilize no Excel a fórmula pgto(taxa/100;prazo;-valor presente,0,0).

Digite a fórmula. Quando você for inserir a taxa, o prazo e o valor, clique nas células correspondentes em vez de digitar os números – isso faz com que a fórmula se adapte automaticamente às variáveis. Se você modificar o prazo, os juros ou o valor, a fórmula se recalcula automaticamente (caso seu Excel seja em inglês, substitua pgto por pmt).

Algumas noções de finanças

Cálculo de juros				
Situação: pagar em 4 parcelas iguais, sem juros ou com juros de 2%				
Valor presente	Juros Taxa a.m.	Quant. de parcelas	Valor da parcela	Total a pagar
R$ 4.000,00	0	4	R$ 1.000,00	R$ 4.000,00
R$ 4.000,00	2	4	R$ 1.050,50	R$ 4.201,98
Fórmula para juros: PMT(taxa/100;tempo;-valor presente;0;1 para pag. no início ou 0 para pag. no final)				

As parcelas seriam de R$ 1.050,50 com juros de 2% ao mês.

A prática do comércio nessas situações de parcelamento é apresentar o preço total com juros e deixar o valor ser parcelado sem juros ou pago à vista com desconto (que resulta no valor real para o pagamento à vista).

No exemplo anterior, equivaleria a dizer que o preço do projeto é R$ 4.200, que podem ser pagos em quatro vezes sem juros de R$ 1.050 ou à vista com desconto de 4%, por R$ 4.032.

Essa é uma prática muito frequente no comércio, por isso em pagamentos à vista com opção de parcelamento sem juros você deve sempre negociar um desconto, pois os juros estão incluídos.

Para serviços de design, no entanto, recomendo apresentar o preço à vista real e o preço parcelado com juros quando realmente precisar incluí-los. Em muitas situações, o cliente acabará optando pelo pagamento à vista; se você apresentou o preço real, este melhora sua percepção e valor e o torna mais competitivo.

Manual do freela

Algumas noções de finanças

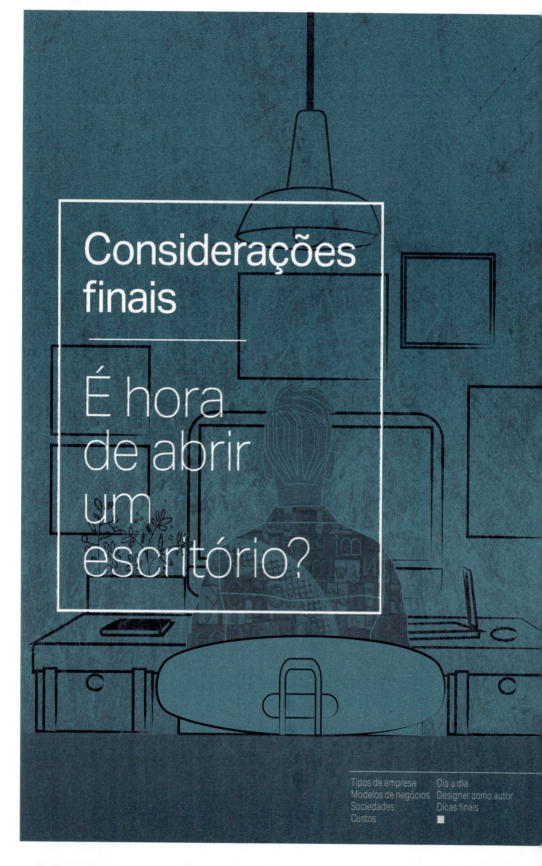

Muita gente quer sair da universidade e abrir um escritório no dia seguinte. A maioria desses escritórios do dia seguinte não dura muito. É importante ter um pouco mais de prática profissional e continuar a estudar todas essas questões administrativas, como as de gestão apresentadas neste livro e também as relativas à organização e coordenação do escritório e das pessoas.

Se você começou como freela ou se você começou trabalhando em outra empresa, mais cedo ou mais tarde pensará em montar um escritório de design. Será naturalmente levado a isso pelo tempo de prática profissional, por sua rede de contatos ou mesmo por seu volume de trabalho.

Para o freela, o escritório é a extensão natural, o passo seguinte. Muitos escritórios têm o nome de seus fundadores porque de um modo ou de outro a pessoa veio primeiro, depois a empresa, depois o escritório.

Talvez você se pergunte todos os dias: será que vale a pena ser empresa? Aqui, cabe dizer: abrir empresa é diferente de abrir escritório. Você Ltda. pode mesmo virar empresa, sem que isso altere substancialmente a rotina de trabalho e de vida, com muitas vantagens e alguns custos adicionais. E as alternativas são: permanecer Você Ltda. empresa para sempre ou, depois de algum tempo, abrir um escritório mesmo, o que traz outras vantagens e outras despesas.

Quase todos os freelancers hoje são inscritos como MEI. Um microempreendedor individual tem condições de emitir notas fiscais, contratar funcionários e até estagiários, porém tem limitação de faturamento. Em

2019, o teto de faturamento do MEI foi elevado para R$ 81 mil anuais, R$ 6.750 mensais. É um bom valor, e os impostos do MEI são muito baixos. Todavia, se você exceder essa média, se tudo der certo, e precisar emitir RPAs do excedente, é recomendável associar-se a outro MEI para compartilhar o faturamento.

Muitos freelancers tornam-se empresa quando começam a ter um volume mais consistente de trabalho e percebem que, na ponta do lápis, o imposto que estão pagando seria maior que os impostos de empresa mais contador, que é basicamente o que é preciso pagar. De vez em quando faça essa conta. Se você não for MEI e seu volume financeiro implicar retenções mensais de 27,5%, certamente valerá mais a pena. Empresas de lucro presumido pagam menos de 18% do faturamento em impostos e, mesmo com o custo do contador, o resultado é favorável. Empresas inscritas no Simples têm taxas ainda melhores.

E há as vantagens: ter acesso a linhas de financiamento exclusivas de empresas, cadastrar-se como fornecedor de diversas empresas que não trabalham com freelancers (muitas empresas grandes trabalham apenas com outras empresas) e ganho substancial de valor percebido. É possível abrir empresa em alguns imóveis residenciais, e muitas pessoas registram suas empresas no endereço do contador; para isso, basta fazer um contrato de aluguel de parte do imóvel do contador.

Quando Você Ltda. virar empresa mesmo, o volume de trabalho tenderá a crescer. Se você conseguir administrar os fluxos de trabalho e os recursos, precisará agregar colaboradores para crescer. Sempre monitorando as despesas e receitas, perceberá que é mais barato contratar um designer que pagar diversos freelas para ajudá-lo, ou perceberá que trabalhar a distância não está funcionando, pois os colaboradores não conseguem alcançar um bom resultado e seria bom que todos estivessem juntos, ou, ainda, ficará incomodado com o volume de papéis, caixas de arquivo, CDs, livros, que vão se acumulando com o tempo a ponto de fazê-lo ter a sensação de que mora no escritório em vez de ter o escritório em casa.

Quando essas coisas ocorrerem e você sentir que as perspectivas são boas, inclua no planejamento de metas alugar uma sala e abrir o escritório. Hoje em dia, é muito mais viável fazer isso, há espaços de *coworking* em toda parte e coletivos de empresas, ambos reduzem drasticamente os custos fixos.

As despesas aumentarão, mas a percepção de valor e a organização do trabalho melhoram vertiginosamente. Abrir o escritório, se você estava vivendo freneticamente, proporcionará aos poucos recuperar sua vida pessoal também.

Eu trabalhei algum tempo como freelancer e decidi montar um escritório quando percebi que não estava trabalhando em casa, e sim "morando no trabalho". Eu trabalhava todos os dias até tarde; sobre todas as mesas havia papéis, contas, esboços, provas de gráfica; debaixo da cama estavam pastas de plástico com trabalhos; na geladeira, ímãs de papelarias e lojas de computadores. Então, resolvi alugar uma sala. Esse primeiro escritório eu dividi com um artista plástico, cada um pagava a metade do aluguel e ficava com uma sala. O custo disso pesou bastante, mas foi excelente para minha vida.

Tipos de empresa

As empresas de design costumam ser cadastradas como MEI ou empresas Ltda.

MEI é a empresa de um dono só, um microempreendedor, com somente um empregado, que recebe o piso de sua categoria, mais um estagiário.

A empresa limitada é aquela em que sua responsabilidade é limitada ao capital social declarado. Pode ser uma empresa inscrita no Simples, de lucro real ou de lucro presumido. É bom você saber que isso existe, e é bom que periodicamente converse a respeito com seu contador, pois a cada mudança de ano é possível reenquadrar a empresa.

Simples é o regime fiscal em que vários tributos são reunidos em um único imposto, e as alíquotas variam conforme o faturamento da empresa.

Lucro real é um regime fiscal em que cada despesa é computada, e você paga impostos sobre o que efetivamente lucrou. A carga é mais pesada, há percentuais maiores e mais impostos.

Lucro presumido é uma opção em que, presumindo o lucro de 30% do faturamento, os impostos são calculados sobre o faturamento bruto. São menos impostos, porém calculados sobre 100% do faturamento.

É importante conversar com seu contador para ver qual é a melhor opção para você. Normalmente, para quem trabalha só com criação, o Simples ou o lucro presumido são mais vantajosos; para quem trabalha apenas com produção, o lucro real é o melhor, sua melhor opção depende do ponto em que sua empresa se situa entre esses dois polos.

Modelos de negócios

Seja como freela, seja como empresário, é possível organizar sua estrutura de trabalho em diversos modelos, como o modelo tradicional (escritório de design), escritório virtual, coletivo criativo e trabalho colaborativo. De modo geral, muda a ocupação dos espaços e a relação com sócios, parceiros e colaboradores.

- Escritório de design – tem local fixo, pode ter filiais, atua em determinadas áreas do design, costuma ter equipe fixa de designers nas áreas de atuação, precisa ter espaço para acomodar essas equipes, com equipamentos e mobiliário adequado, tem clientes por contrato ou por projeto e pode ter funcionários administrativos e de apoio, como secretária, mensageiro etc. O custo fixo é alto, porém o valor percebido também é. As empresas grandes tendem a seguir esse modelo tradicional, integrando outros modelos a ele.

- Escritório virtual – trabalho em home office, reuniões periódicas em espaços públicos ou alugados sob demanda, pode contar com equipe flexível de designers, reunidos conforme os projetos em curso e que usam equipamentos próprios. Como as empresas baseadas em escritórios virtuais não têm tantas amarras físicas, podem ter uma atuação mais versátil e se reinventar com mais agilidade, mas são mais voláteis.

Muitos freelas trabalham em equipes virtuais e muitas empresas têm migrado para esse modelo pelos baixos custos fixos.

- Coletivos criativos – são, literalmente, condomínios multidisciplinares de pequenas empresas que compartilham estruturas comuns, como uma casa de dois andares que abrigue três empresas no térreo e duas no segundo andar. Além dos custos do aluguel, dividem o consumo de água e luz, secretária, diarista e os espaços comuns, como sala de reunião, banheiros e cozinha. Muitas vezes esse modelo também se integra a equipes virtuais, reunidas sob demanda, e consente ao coletivo assumir projetos maiores, reunindo as competências de mais de uma empresa, que são livres para buscarem projetos menores e específicos de suas áreas de atuação.

- Trabalho colaborativo – modalidade muito presente entre os designers freelancers quando são chamados para colaborar especificamente em um projeto ou fazer parte de uma equipe de projeto, sem que isso demande qualquer exclusividade. Alguém que seja um bom ilustrador, por exemplo, pode ser chamado para trabalhar como colaborador de uma equipe de cenografia na criação do cenário de uma peça de teatro. O trabalho costuma ser feito em home office e não há equipe fixa, compondo-se grupos diferentes conforme os projetos que surgirem. Há nessa modalidade menor valor percebido, pois em geral a equipe é desmontada após o término do projeto.

Sociedades e sócios

Uma empresa é sempre uma sociedade (mesmo no MEI, tem "você" e "Você Ltda.", lembra?), e sociedade representa uma união de pessoas com finalidades comuns.

A diferença básica entre sócios e funcionários é que os sócios correm riscos. Isso significa que, se os sócios ficarem sem retirada em um mês de prejuízo, ou mesmo precisarem investir dinheiro na empresa, os funcionários não deixarão de receber seus salários, que são garantidos todos os meses.

A primeira implicação de correr riscos é que estes precisam ser calculados, ou seja, a empresa precisa saber claramente até onde ir. Em uma sociedade, é importante que os sócios tenham a mesma percepção de risco e também de comprometimento.

É importante avaliar o perfil de risco e de comprometimento dos sócios antes de a empresa começar a operar. Até onde cada um está disposto a ir?

Algumas vantagens de trabalhar em sociedade:

- habilidades
- competências
- tempo
- recursos

Uma sociedade deve ser composta por indivíduos tão bons e capazes como você, de preferência com habilidades complementares. Não deve haver um time só de goleiros ou só de atacantes. Vocês terão a possibilidade de desenvolver leques mais amplos de projetos, ter maior disponibilidade para projetos urgentes, maior capacidade de produção e menos tempo ocioso.

O ideal é que pelo menos um dos sócios goste de lidar com administração, com pessoas e valores e que outro seja relacional, comunicativo, fale bem, não seja tímido. Que um goste de coordenar projetos, seja organizado e tenha um olhar crítico apurado.

Algumas desvantagens:

- diferentes objetivos
- possíveis desacordos
- divisão do lucro ou resultado
- maior dificuldade para tomada de decisões

De vez em quando há objetivos diferentes ou opiniões divergentes; quanto mais sócios houver, mais confuso às vezes. Algumas reuniões acabam parecendo assembleias de condomínio. Quando algo assim se torna frequente, é comum as empresas se dividirem em duas ou três ou, simplesmente, acabarem.

Para minimizar isso, procure formar sociedades com poucos sócios e formalize desde o início os objetivos da empresa, metas, missão e visão. Objetivos pessoais são pessoais mesmo.

Além disso, talvez o lucro da empresa se torne infinitamente pequeno quando repartido entre os sócios, ainda que parecesse tão grande. Isso pode ser frustrante. Digamos que uma empresa com 20 sócios tenha lucrado R$ 100 mil em um ano, divididos pelos sócios daria R$ 5 mil para cada um (supondo cotas iguais), a percepção dos R$ 5 mil é radicalmente diferente da percepção do total.

O que muda na estrutura de custos

Quando você constituir uma sociedade, precisará refazer sua planilha de cálculo de orçamentos. Alguns itens mudam no início, outros, no fim da planilha, mas essencialmente o processo é o mesmo.

Nos custos fixos, caso ainda não estejam listados, inclua contador, aluguel, luz, internet, telefone e todas as despesas fixas da empresa.

Nos salários, inclua uma nova linha para o salário/retirada de cada um dos sócios.

O total de horas pelas quais você vai dividir os custos fixos é a soma das horas úteis de todos os sócios. Funciona assim porque todos compartilharão a mesma estrutura, o que reduz o custo-hora da sala.

Ao calcular um orçamento, segundo o método aqui apresentado, você multiplicará as quantidades de horas de cada um dos sócios ou funcionários pelo respectivo custo-hora. Para calcular o custo operacional, porém, você multiplicará o custo-hora dos custos operacionais pelo total de horas trabalhado pela equipe toda no projeto.

Custos fixos			Quantidade horas	Custo- -hora
Retirada mensal sócio 1	R$ 3.000,00	R$ 4.410,00	140	R$ 31,50
Retirada mensal sócio 2	R$ 2.000,00	R$ 2.940,00	140	R$ 21,00
Salário 1 designer	R$ 1.800,00	R$ 3.237,20	160	R$ 20,23
Salário 1 estagiário	R$ 650,00	R$ 790,12	80	R$ 9,88
Total dos salários produtivos com encargos		R$ 11.377,20	520	R$ 11,14
Secretária ou recepcionista	R$ 1.000,00	R$ 1.994,00		
Contador	R$ 650,00	R$ 0,00		
Aluguel	R$ 1.200,00			
Condomínio e taxas	R$ 800,00			
Luz	R$ 200,00			
Associações profissionais	R$ 100,00			
Telefone	R$ 200,00			
Verba para manutenção	R$ 100,00			
Internet	R$ 50,00			
Diarista	R$ 300,00			
Financiamento em 36 parcelas	R$ 150,00			
Seguros	R$ 50,00			
Total de despesas operacionais		R$ 5.794,00		
Total custos fixos		R$ 17.171,20		

No fim da planilha, você precisará aplicar os percentuais de impostos da empresa no lugar do percentual de retenção de imposto de renda que você utilizava quando era freela.

Cálculo de orçamentos

Custo com pessoal	
Horas prev.	**Despesa com pessoal**
12	R$ 378,50
5	R$ 105,00
50	R$ 1.011,63
18	R$ 177,75

Custos operacionais	
Horas prev.	**Despesa com pessoal**
85	R$ 947,10

Custos variáveis do projeto	
Despesa 1	R$ 50,50
Despesa 2	R$ 120,00

Total custo de produção	
% equivalente	**Total produção**
48,07	R$ 2.789,47

Taxas e impostos	Alíquota (%)
Reserva de tempo	10
Margem de negociação	10
Comissões	0
Encargos financeiros	0
Lucro desejado	15
Supersimples	16,93
Total impostos e taxas	51,93

Preço do projeto	R$ 5.802,94

O que muda no dia a dia

Uma coisa difícil de mudar, mas que, se vocês conseguirem, só trará bons resultados é a consciência de que uma empresa é um time. Designers e profissionais de criação naturalmente aprendem a realizar projetos autorais; trabalhar em grupo significa deixar de lado o "eu" para valorizar o "nós".

Se você era freelancer, começar um escritório significa deslocar-se de casa para o trabalho todos os dias, ter horário para voltar e separar sua vida profissional da pessoal em uma série de aspectos. Mudará sua rotina, ou criará algumas rotinas novas.

Você não poderá trabalhar muito à vontade, de roupão ou em roupas de baixo, nem de pijama, precisará sempre estar preparado para a visita surpresa de um cliente ou de um fornecedor, para uma reunião que você talvez tenha se esquecido de anotar.

Sua percepção de valor muda para melhor, logo de cara dá para cobrar mais em função disso, você não se apresentará mais como pessoa, mas como estrutura, poderá se cadastrar em fornecedores de matérias-primas para receber amostras dos produtos (como catálogos de papéis, mostruários de tintas) e será convidado para feiras e exposições do setor.

Designer como autor

Falei lá no início que design é uma profissão essencialmente empreendedora, e é mesmo. Pense em utilizar parte do seu tempo para desenvolver projetos pessoais.

Isso significa colocar menos horas na sua planilha, assim seu custo-hora vai ser mais alto, elevando os preços. Na prática, o tempo trabalhado nos projetos dos clientes precisa custear seus projetos pessoais. Veja em que dose consegue fazer isso, pois é renovador e inspirador desenvolver algo nosso.

Com o tempo, muitos designers veem seus projetos pessoais ganharem corpo e tornarem-se suas atividades principais; quando isso ocorre não há limites para a felicidade nem para os ganhos.

Há designers que pesquisam e escrevem, e propõem exposições; há os que desenham e criam livros infantis; os que fotografam e criam curtas-metragens; os que criam quadrinhos, jogos, *stickers*, animações, customizam carros etc.

Tenho um amigo arquiteto que não trabalha às sextas-feiras. Nesses dias, veleja sempre e vez ou outra faz reuniões em seu barco.

No escritório de um ex-aluno, um dia por semana é dedicado aos projetos pessoais da equipe toda. Um projeto de *stickers* foi visto pela produção da cantora Anitta, e o designer foi contratado para produzir itens para um vídeo da cantora. Daí em diante, ele foi convidado a produzir o vídeo de outro *rapper*, em que fizeram o figurino. Com o figurino do clipe, foram convidados por uma loja para lançarem uma coleção de roupas autorais.

Os projetos pessoais tornam-se cada vez mais viáveis pela participação em feiras, produção coletiva, sites de *crowdfunding*, impressão sob demanda.

Dicas finais

- Se puder, trabalhe perto de casa. Uma das coisas mais estressantes em ter um escritório é ficar engarrafado no trânsito por uma hora a caminho do trabalho, sabendo que há um projeto urgente a ser feito. Outra coisa estressante é ficar engarrafado na volta para casa por mais uma hora, perdendo o filme que você queria ver ou apertado para ir ao banheiro. Já que você é o dono, escolha onde quer trabalhar.

- Sistematicamente, evite levar trabalho para casa. Ainda que algumas vezes você precise ficar até mais tarde, trabalhar em casa acostuma você a trabalhar em casa e aos seus clientes a contar com você 24 horas. Preserve sua vida pessoal.

- Não trabalhe o tempo todo, não deixe a família, o lazer, os amigos e as paixões de lado, são todos parte de você. Os trabalhos são só trabalhos; por mais importantes que sejam, eles sempre terminam e sempre haverá outros esperando.

- Não seja vítima de si mesmo, o vampiro só entra se alguém abrir a janela para deixá-lo entrar. Preserve-se.

- E seja grande, faça o que tiver que fazer da melhor maneira possível, muitas grandes oportunidades estão escondidas em trabalhos do dia a dia. Muitas armadilhas também. Nenhum trabalho é pequeno demais que dispense sua atenção nem grande demais que não possa ser realizado.

Contribua

Este material foi organizado com base na troca de experiências entre o autor e as pessoas que fizeram o workshop Quanto custa meu design? ou participaram das palestras de mesmo nome, e é um material vivo que foi preparado para ajudar a construir o início de carreira em um mercado profissional saudável para os jovens designers.

Se você tem sugestões ou quer relatar casos que vivenciou, escreva para manualdofreela@gmail.com

Faça download das planilhas deste livro pelo link:
http://www.creamcrackers.com.br/manualdofreela/planilhas.zip

Obrigado!

Manual do freela

Anotações

Manual do freela

Anotações

Manual do freela

Anotações

Manual do freela

Anotações

Manual do freela

Anotações

Manual do freela

Anotações

A Editora Senac Rio publica livros nas áreas de Beleza e Estética, Ciências Humanas, Comunicação e Artes, Desenvolvimento Social, Design e Arquitetura, Educação, Gastronomia e Enologia, Gestão e Negócios, Informática, Meio Ambiente, Moda, Saúde, Turismo e Hotelaria.

Visite o site www.rj.senac.br/editora, escolha os títulos de sua preferência e boa leitura.

Fique atento aos nossos próximos lançamentos!
À venda nas melhores livrarias do país.

Editora Senac Rio
Tel.: (21) 2545-4819 (Comercial)
comercial.editora@rj.senac.br

Fale com a gente: (21) 4002-2101

Este livro foi composto nas tipografias Aktiv Grotesk e PoynterOSDisp e impresso pela Edigráfica Gráfica e Editora Ltda., em papel *offset* 90 g/m², para a Editora Senac Rio, em dezembro de 2019.